杏雨师恩

胡玉明　刘运国　主编

中国财经出版传媒集团
经济科学出版社
Economic Science Press
·北京·

图书在版编目（CIP）数据

杏雨师恩 / 胡玉明，刘运国主编. -- 北京：经济科学出版社，2024. 3
ISBN 978 -7 -5218 -5716 -0

Ⅰ. ①杏… Ⅱ. ①胡… ②刘… Ⅲ. ①余绪缨 - 传记 Ⅳ. ①K825. 31

中国国家版本馆 CIP 数据核字（2024）第 059179 号

责任编辑：杜 鹏 武献杰
责任校对：孙 晨
责任印制：邱 天

杏雨师恩
胡玉明 刘运国 主编
经济科学出版社出版、发行 新华书店经销
社址：北京市海淀区阜成路甲 28 号 邮编：100142
编辑部电话：010 -88191441 发行部电话：010 -88191522
网址：www. esp. com. cn
电子邮箱：esp_bj@ 163. com
天猫网店：经济科学出版社旗舰店
网址：http：//jjkxcbs. tmall. com
固安华明印业有限公司印装
710 ×1000 16 开 17. 75 印张 220000 字
2024 年 3 月第 1 版 2024 年 3 月第 1 次印刷
ISBN 978 -7 -5218 -5716 -0 定价：88. 00 元
（图书出现印装问题，本社负责调换。电话：010 -88191545）

编写说明

2022年9月25日，余绪缨教授（称为“余老师”更为亲切）百年诞辰纪念会在厦门大学隆重举行。纪念会的一个精彩华章就是隆重推出《余绪缨经典文集》和《一绪长缨：余绪缨传记》。但似乎有点“美中不足”：缺少一本学生怀念余老师的书。

2024年4月5日，厦门大学会计学科将迎来百年庆典。经协商，我们决定弥补这个“不足”。一方面，向厦门大学会计学科的终生“老师”致敬；另一方面，向厦门大学会计学科百年庆典献礼。于是，经1992级博士生胡玉明（暨南大学教授）与1998级博士生刘运国（中山大学教授）协商及国内同行学者、“余门弟子”的大力支持和不懈努力，终于有了《杏雨师恩》这本书。

余老师编写的《管理会计》教材启蒙并深深地影响了许多人。余老师不仅是“余门弟子”的老师，更是厦门大学会计学系（科）和厦门大学的老师，也是许多人心目中的老师。余老师的“管理会计”是“广义管理会计”。“海纳百川，有容乃大”，直接或间接受“教”于余老师的人都可以算是余老师的“学生”。余老师的学生并不局限于“余门弟子”。因此，《杏雨师恩》收集的文章不局限于“余门弟子”所撰写的文章。

苏东坡在《题西林壁》写道：“不识庐山真面目，只缘身在此山中，横看成岭侧成峰，远近高低各不同。”不同学生的心目中，自然有不同的余老师。因此，《杏雨师恩》一书较为充分地展现了余老师多彩的人生。

非常感谢“余门弟子”的真情奉献，也非常感谢《会计之友》总编辑笑雪先生及相关文章的作者慷慨地允许我们收录他们的文章。我们只是汇编余老师“学生们”奉献的文章。不过，基于出版要求，在不违背文章作者原意的前提下，我们对有些文章略作修改（例如，同一篇文章统一用词，将“会计系”改为“会计学系”）。当然，如有不妥，我们还是应该承担汇编不当之责。

余老师已经离开我们近十七年，年轻学生已经无缘聆听余老师的教诲。但《杏雨师恩》里的文章所记述的“道理”对年轻学生的成长应该大有裨益。

本书的编辑与出版得到经济科学出版社、中山大学管理学院、广州新华学院会计学院的大力支持，在此特别致谢！特别感谢经济科学出版社陈迈利总编辑和杜鹏老师！没有他们的支持、帮助和努力，这本书不可能这么快出版。再次深表谢意！

胡玉明　刘运国

2024 年 2 月 25 日

目　录

在中国会计学会管理会计专业委员会 2022 年学术年会暨余绪缨教授百年诞辰纪念会上的讲话

中国会计学会会长　朱光耀

（2022 年 9 月 25 日）

大家上午好！

今天召开中国会计学会管理会计专业委员会学术年会暨余绪缨教授百年诞辰纪念会，我表示衷心的祝贺！

中国会计学会管理会计专业委员会扎根中国、充满活力、富于创新、勇于开拓，在过去的一年中，专业委员会的专家们，秉承理论与实践相结合的传统，勇于探索开拓、守正创新，在管理会计基本理论研究、实践案例研究、教育研究、中国企事业单位应用研究等方面，取得了丰硕的成果，引领着中国管理会计理论研究的方向，推动着管理会计实践与应用的纵深发展，通过“讲好中国故事”，为中国管理会计国际影响力的提升做出了重要贡献。

在中国管理会计蓬勃发展的今天，我们不会忘记中国管理会计的先驱者、奠基者和开拓者余绪缨先生对中国管理会计发展与创新所做出的卓越贡献。让我们一起缅怀先生的治学为人精神，共同光大先生的学术思想。

作为中国管理会计的先驱者，余绪缨先生在改革开放初期，就以超常的胆识和洞察力，突破“会计阶级性”的传统思维桎梏，首次提出“根据当前的现实及其今后的发展，应把会计看作是一个信息系统，它主要是通过客观而科学的信息，为管理提供咨询服务”。这一理论观点和理论判断，为具有中国特色的管理会计学科的创建与发展做出了不可磨灭的贡献。

作为中国管理会计学科的奠基者，余绪缨先生自 20 世纪 70 年代末，就致力于管理会计理论、学科和教材建设，经过不懈努力探索，于 1983 年正式出版中国首部具有开拓性的《管理会计》教材，创建性地提出“以现金流动为经，以管理会计职能为纬”的教材结构体系，堪称中国管理会计教材的奠基之作。该教材启蒙并深深地影响了自中国 1977 年恢复高考以后入学的整整一代管理会计学人，对管理会计在中国的传播、普及与应用起着非常重要的作用，同时也标志着余绪缨先生已经完成了对西方管理会计的引进工作，开始进入创建具有中国特色的管理会计学科阶段。

作为中国特色管理会计的开拓者，余绪缨先生将管理会计理论体系、研究视野，跳出狭义会计思维约束，拓展了管理会计研究的内涵与边界，构建了广义管理会计理论研究体系。20 世纪 90 年代，余绪缨先生以其深厚的中国传统文化功底，将中国会计研究与中国传统文化相结合，提出管理会计研究应超越物质与制度层面，从更高、更深的文化层面开展研究，大力彰显根植于中国文化沃土、闪耀着“东方智慧”的中国会计文化特色，从而实现从传统技术观向社会文化观转变，为中国特色管理会计理论发展提供了基本框架。

作为中国特色管理会计的传播者，余绪缨先生在国际交流舞台上，一直肩负着中国管理会计走向世界“使者”的历史使命。

自 1985 年以来，余绪缨先生应美国、加拿大、日本、法国、英国、澳大利亚等国家的邀请，先后十余次在国际学术会议上宣读论文或开展合作研究，在专业领域扩大了中国的国际影响，为中国管理会计走向世界做出了重要贡献。

同志们，余绪缨先生毕生的追求与探索，为后人留下了丰富的研究成果；让我们在共同缅怀先生的同时，传播先生的学术思想，秉承先生的为人治学精神，在立足新发展阶段、贯彻新发展理念、构建新发展格局的重大环境下，抓住机遇，以先生之精神，砥砺我们创新前行，为中国特色管理会计在新时代的发展做出应有的贡献！

最后，预祝大会圆满成功！

（本文原载《会计之友》2023 年第 8 期）

在中国会计学会管理会计专业委员会 2022 年学术年会暨余绪缨教授百年诞辰纪念会上的讲话

中国会计学会副会长　中国会计学会管理会计专业委员会主任　顾惠忠

（2022 年 9 月 25 日）

各位领导、各位嘉宾，老师们、同学们：

今天，我们在这里隆重纪念厦门大学文科资深教授，著名经济学家、管理学家、会计学家和教育家，中国管理会计学科的开拓者和奠基人余绪缨先生百年诞辰。余绪缨先生为中国管理会计学科的创建与发展做出了不可磨灭的贡献，弘扬余绪缨先生“热爱祖国、坚持真理、孜孜不倦、潜心育人、献身科学”的崇高精神和优良品德，激励广大管理会计理论与实务工作者为完善具有中国特色的管理会计理论与方法体系而奋斗。

请允许我代表中国会计学会管理会计专业委员会，向筹办此次会议和纪念活动的厦门大学及各支持单位表示衷心的感谢，向参会的各位领导、嘉宾、老师和同学表示热烈欢迎，向余绪缨先生的亲属朋友表示亲切的慰问！

1945 年，余绪缨先生以优异的成绩毕业并受聘于母校厦门大学，从此开始了其终身从事的教学与科研相结合的漫长职业生涯。余绪缨先生学贯中西、卓然有成、著述颇丰，堪称中国当代会计大师。余绪缨先生的许多学术思想对中国会计学科的发展具有深远的影响。据不完全统计，余绪缨先生出版专著、教材和译著30多部，发表各类学术论文150多篇，涉及会计基本理论、经济活动分析、管理会计、财务管理、会计教育与人才培养等众多领域。

作为“会计信息系统论”的引入者和“会计信息系统论”学派的代表性人物之一，余绪缨先生在中国首次提出“会计是一个信息系统”，终结了会计领域的“姓资姓社”之争，厘清会计学科与财务（管理）学科之间的关系，促使会计学与财务（管理）学成为两个独立的学科。

作为中国管理会计学科的开拓者和奠基人，余绪缨先生从无到有，在中国率先致力于管理会计学科的引进与创建、发展，取得了一系列重要的富有开拓性的研究成果，编写了具有奠基性的《管理会计》教材，创见性地提出包括“微观管理会计”“宏观管理会计”“国际管理会计”三个层面的广义管理会计理论体系。

作为管理会计人文观的拓荒者，余绪缨先生将人文观引入管理会计，提出管理会计问题绝不是单纯的技术性问题，管理会计的研究不能局限于其技术层面，必须同社会文化观相结合，以“系统观”取代“机械观”，由“物本管理”转向体现“人文观”的“智本管理”，强调“由技入道”。

作为中国会计走向世界的使者，余绪缨先生曾经先后出访美国、加拿大、日本、法国和英国等国家，在国际学术会议上宣读论文或开展合作研究，在专业领域扩大了中国的国际影响，为中国会计走向世界做出了自己应有的贡献。

作为中国首位管理会计研究方向的博士生导师，余绪缨先生引领中国高层次会计专业人才培养，为中国学术界和实务界培养了大批优秀人才。

各位领导、嘉宾、老师和同学，余绪缨先生是一位学贯中西、卓然有成的大学问家，同时也是一位站在时代前列的大思想家。缅怀余绪缨先生的最好方式就是理解其思想，并加以继承和发扬光大，推进中国管理会计的理论研究与实践应用新高潮。

在此，我提出三点希望：

第一，学习余绪缨先生"引进来"和"走出去"相结合的精神，大力推进改革与开放，立足中国、放眼世界，坚持"自主性"和"开放性"相结合，构建既彰显中国特色，又融入世界主流的管理会计理论与方法体系。

第二，学习余绪缨先生勇于创新的精神，把握历史机遇，担当历史责任，守正创新，立足中国管理情境，总结中国管理会计实践经验，研究中国管理会计问题，把论文写在祖国大地上，把研究成果运用到中国管理实践中去，努力服务党和国家重大战略需求。

第三，学习余绪缨先生"教书育人""诲人不倦"的精神，竭尽全力培养高层次管理会计人才，服务教学科研与经济建设主战场。

谢谢！

（本文原载《会计之友》2023 年第 8 期）

在中国会计学会管理会计专业委员会2022年学术年会暨余绪缨教授百年诞辰纪念会上的讲话

中国审计学会会长　孙宝厚

（2022年9月25日）

尊敬的张宗益校长，顾惠忠副会长，陈伟琪夫妇，线下线上各位领导、嘉宾，老师、同学和校友，各位会计审计界同仁：

大家上午好！

感谢会议主办方提供机会，安排我发言。我讲四个词：

第一个词：热烈祝贺。

首先祝贺中国会计学会管理会计专业委员会2022年学术年会暨余绪缨教授百年诞辰纪念会隆重召开！往前追溯，祝贺管理会计理论研究、人才培养、制度建设和实践创新，近年来，尤其是党的十八大以来，获得了蓬勃发展和空前繁荣！特别祝贺中国会计学会管理会计专业委员会，在架设学术界与实务界沟通桥梁、着力推动群众性学术研究及管理会计快速发展方面取得了一系列丰硕成果；特别祝贺厦门大学在管理会计教学与研究、培养和输送高端专门人才方面持续守正创新，一直以来都能够走在前列！

第二个词：轴心时代。

饮水思源，无论走多远我们都不应当忘记来时的路。今天将学术年会与余绪缨教授百年诞辰纪念会联合举办，同样的会议在厦门大学举办已经是第三次，这些都足以生动地表明，我们确实没有忘记管理会计的源头。学术界、实务界公认，余绪缨教授是我国管理会计学科的开拓者和奠基人，进而开枝散叶，引领、推动管理会计发展。今天的繁荣发展仍与当年起步关系十分密切。许多研究探索、创新开拓，无论广度深度，往往需要回溯至余绪缨教授已有经典的论述、指引的方向、开创的领域。我们可否借用一个外来词汇形容，余绪缨教授及其学术思想，构成了我国管理会计的“轴心时代”。

在百年诞辰之际，经受岁月积淀和实践检验之后，余绪缨不仅是厦门大学资深教授，除我国管理会计开拓者和奠基人外，人们公认，余绪缨教授是我国著名会计学家、经济学家、教育家。综合前边几位提到的，我还想重复和补充的是：随着学科门类细化调整，毫无疑问他是管理学家；在他那个年代，很少有人能够与国外学者进行顺畅、频繁、深度的学术交流，他是国内外公认的著名会计学家和中外学术交流的杰出使者；他一生热爱祖国、情系大众，曾在民主党派和厦门政协长期担任领导职务、积极参政议政，他无愧于社会活动家的称号。就他的爱好、成就及我们的感受来看，我觉得他还是一位颇有造诣的诗人和学术美文作家。

第三个词：再创辉煌。

许多专家学者参加本次会议、提交论文，并将作深度研讨，预祝本次研讨会圆满成功！预祝本次会议主办方、协办方各项事业蒸蒸日上！预祝我国管理会计各领域各层面，在未来能够不断进步、再创辉煌！

再回到本次会议另一主题，纪念余绪缨教授百年诞辰，至少对余老师的学生而言，有句古话很能表达我们的心声：高山仰止，景行行止，虽不能至，然心向往之。余老师爱生如子，我们对余老师充满无比崇敬、感恩和缅怀之情。受师兄弟委托，代表各位表示：我们将继续向余老师深度学习，传承老师的家国情怀、治学精神、学术思想、处世之道和为人风范，不辜负老师的培养和期盼，走正确之路、做正派之人、做正经之事，立足各自岗位及实际，努力再创辉煌！

第四个词：衷心感谢。

感谢张宗益校长百忙之中亲临会议指导并致辞；感谢朱光耀会长在服从疫情防控大局之下能够为会议视频致辞；感谢顾惠忠副会长的正确领导，特别是搭建平台、两个会议能够联合举办；感谢李建发院长有力指挥、亲自主持及主办方、协办方精心组织安排本次会议。这都是代表我们师兄弟的感谢，当然包括我本人在内。

作为我自己，此时此刻，最重要的是再次感谢恩师对我的培养，包括毕业离开学校以后仍然给予的持续关怀！感谢母校厦门大学，不仅是学业事业的起点站，还是后续知识的补给站，更是心灵深处永久的精神家园；要感谢为本次会议做了大量工作的陈伟琪夫妇及各位师兄弟，比如陈伟琪提供资料、审读文稿，陈国钢统揽全局、有力保障，于增彪协调会议和开拓学术，郭晓梅统筹协调和会务组织，胡玉明编撰书籍、推进出版，林涛录制视频，贺颖奇夫妇组织音像素材，等等。这些只是举例，未点到各位包括志愿者所做工作，同样十分重要。

谢谢大家！

（本文原载《会计之友》2023年第8期）

中国会计学会管理会计专业委员会 2022 年学术年会暨余绪缨教授百年诞辰纪念会纪实

《会计之友》杂志社　笑　雪　宁　平

高山仰止，景行行止。2022 年 9 月 25～26 日，由中国会计学会管理会计专业委员会和厦门大学管理学院联合主办，厦门大学管理会计研究中心、会计发展研究中心和会计学系承办，国际注册专业会计师公会（AICPA & CIMA）、德勤华永会计师事务所、《会计之友》杂志社协办的中国会计学会管理会计专业委员会 2022 年学术年会暨余绪缨教授百年诞辰纪念会在厦门大学召开，来自高校和科研院所的专家学者、实务界专业人士及师生代表 120 余人出席会议。同时，会议进行了在线直播与交流，吸引超过 1.25 万人次参与。

会议开始前，视频回顾了余绪缨教授卓然有成的一生，纪念他为中国会计学发展做出的突出贡献。

厦门大学党委原常务副书记、管理学院院长李建发教授主持开幕式。他指出，为纪念余绪缨教授百年诞辰，缅怀他在现代管理会计学科做出的卓越贡献，中国会计学会管理会计专业委员会决定将 2022 年学术年会与余绪缨教授百年诞辰纪念会合并举办，这是对余绪缨教授的最好纪念。

厦门大学校长张宗益教授在致辞中简要介绍了厦门大学会计学科的发展，赞扬了余绪缨教授的突出贡献。他指出，余绪缨教授是我国著名会计学家、教育家，现代管理会计学科开拓者和奠基人，我们要以余绪缨教授为榜样，继承和发扬余绪缨先生严谨的治学态度、卓越的学术追求和高尚的师德风范，孜孜以求，接续奋斗，不断攀登新的学术高峰。他强调，厦门大学将坚定不移地以习近平总书记致厦门大学建校 100 周年贺信精神领航，以服务国家目标为牵引，坚持“学科导向”加“目标导向、任务导向、问题导向”，开展跨学科、大协同创新攻关，努力为经济社会发展培养高水平会计人才，为我国会计学科发展贡献厦大力量。他希望大家把握机遇、守正创新，共同探索现代管理会计的新发展新应用，更好地服务社会经济高质量发展，服务资本市场全面深化改革，服务提高国际双向投资水平和促进国内国际双循环，把余绪缨教授等老一辈为之奋斗的事业继续向前推进。

国务院参事，财政部原党组成员、副部长，中央财经领导小组办公室原副主任，中国会计学会会长朱光耀发表视频讲话。他表示，中国会计学会管理会计专业委员会扎根中国、充满活力、富于创新、勇于开拓，在过去的一年中，秉承理论与实践相结合的传统，勇于探索开拓、守正创新，在管理会计基本理论研究、实践案例研究、教育研究、中国企事业单位应用研究等方面取得了丰硕的成果，通过“讲好中国故事”，为中国管理会计的国际影响力的提升做出了重要贡献。他强调，在中国管理会计蓬勃发展的今天，我们不会忘记中国管理会计的先驱者、奠基人和开拓者余绪缨先生对中国管理会计发展与创新所做出的卓越贡献。让我们深切缅怀先生的治学为人精神，共同光大先生的学术思想。

他指出，余绪缨先生作为中国管理会计学科的奠基者，作为中国特色管理会计的开拓者，拓展了管理会计研究的内涵与边界，构建了广义管理会计理论研究体系。20 世纪 90 年代，余绪缨先生以其深厚的中国传统文化功底，将中国会计研究与中国传统文化相结合，提出管理会计研究应超越物质与制度层面，从更高、更深的文化层面开展研究，大力彰显根植于中国文化沃土、闪耀着“东方智慧”的中国会计文化特色，从而实现从传统技术观向社会文化观转变，为中国特色管理会计理论发展提供了基本框架。“学冠千载，文泽后世”，让我们在共同缅怀余绪缨先生的同时，传播先生的学术思想，秉承先生的为人治学精神，在立足新发展阶段、贯彻新发展理念、构建新发展格局的大背景下，抓住机遇，以先生的精神，砥砺我们创新前行，为中国特色管理会计在新时代的发展做出我们应有的贡献。

中国航空工业集团公司原副总经理、总会计师，中国会计学会副会长、中国会计学会管理会计专业委员会主任委员顾惠忠在发言中指出，余绪缨先生是中国管理会计学科的开拓者、奠基人，为中国管理会计学科的创建及发展做出不可磨灭的贡献。他希望与会嘉宾一道，学习余绪缨先生坚持引进来走出去相结合、立足中国管理实践守正创新、教书育人服务祖国发展的精神，让中国管理会计的理论研究与实践应用进入新的阶段。

审计署原党组成员、副审计长，中国审计学会会长孙宝厚在发言中对管理会计理论研究、人才培养、制度建设和实践创新的蓬勃发展和空前繁荣表示祝贺。希望大家传承余绪缨先生的家国情怀、治学精神、学术思想、处世之道和为人风范，走正确之路、做正派之人、做正经之事，立足各自岗位及实际，在新时代建设社会主义祖国的伟大事业中努力再创辉煌!

社会各界代表以线上线下相结合的形式发言。

厦门大学管理学院会计学系主任杜兴强教授指出，余绪缨教授是国内最早引进与发展西方会计理论的学者之一，为使厦门大学会计学系成为中国学术重镇呕心沥血，相关学术思想时至今日仍熠熠生辉。余绪缨教授虽逝，但其以《管理会计》教材为代表的教育理念与思想仍深刻地影响着中国会计学界。他强调，缅怀余绪缨教授的最好方式就是继承和发扬其学术思想。

中国会计教授会原会长、中南财经政法大学郭道扬教授在视频发言中表示，余绪缨教授一身正气、两袖清风，坚持身教重于言教，为中国管理会计学科培养人才奠定坚实基础，是一代代中国会计学人的表率和楷模。

上海财经大学原副校长孙铮教授在视频发言中指出，我们这一代年轻学者是学着余绪缨教授的教材成长起来的，深受其学术思想和治学理念的影响，将踏着余绪缨教授的足迹在发展新时期中国管理会计理论与实践方面建功立业。

全国会计专业学位研究生教育指导委员会副主任委员、中国人民大学王化成教授由于疫情原因无法亲临会议现场，他委托李建发教授表达了对余绪缨教授的崇敬和景仰，缅怀其对中国管理会计做出的卓越贡献，感谢余绪缨教授对年轻学子的关爱提携以及对中国人民大学管理会计学科建设发展的支持帮助。

复旦大学管理学院副院长吕长江教授回顾了自己在厦门大学进修学习时，在余绪缨教授指导下成长的经历，高度赞扬余绪缨教授是一位品行高尚、学识渊博的师者，其刚直不阿的精神和学术独立的思想对自己影响深远。

国际注册专业会计师公会（AICPA & CIMA）中国大陆事务总监梁平介绍了厦门大学管理学院和CIMA的渊源。他表示，CIMA在中国已深耕超过15年。作为全球领先的管理会计师专业组织，始终致力于为中国培养更多引领数字转型升级所需的高水平复合型财会人才。他认为，新一轮科技革命和产业变革深入发展，数字化转型大势所趋，需要观念的更新、思维的革命，拥有数字思维，这不仅是企业管理者需要做的功课，更是起着为企业决策提供支持的现代管理会计师们的必修课，公会也在此背景下推出了强化数字思维，提升数字化技能的数字化管理会计DMA项目，将前沿的国际管理会计理念和知识体系融合数字化技能，赋能中国未来财务人员的数字化转型，为企业和财务人员提供一套完备的数字化人才能力提升和认证体系，助力财会同仁在学术和实践领域再攀高峰。

在出版物发布会环节，中国会计学会管理会计专业委员会委员、余绪缨先生的学生胡玉明教授以“向先贤致敬，向经典致敬”为题，介绍了《一绪长缨：余绪缨传记》和《余绪缨经典文集》的出版情况。

余绪缨教授家属代表、厦门大学陈伟琪教授表达了对会议主办方、承办方、协办方以及诸位关心、支持和参与活动嘉宾的感谢。一方面感谢他们对余绪缨先生学术思想、学术成果的肯定以及为人为学的缅怀，另一方面感谢他们在余绪缨文集、余绪缨传记的编撰和出版过程中付出的心血。最后，她以自填词《江城子·先严百年诞辰寄怀》结尾，表达内心的感恩、感谢、感动。

余绪缨先生的学生、厦门大学管理会计中心荣誉主任陈国钢和南京理工大学徐光华教授分别向余绪缨先生家属代表陈伟琪教授赠送书籍《一绪长缨：余绪缨传记》《余绪缨经典文集》和徐光华教授为缅怀余绪缨先生而专门创作的“绪兴管会奠华夏、缨冠神州开法门”书法作品。

2022年适逢余绪缨教授百年诞辰、葛家澍教授101周年诞辰，大会敬献花篮仪式在两位大师的铜像前举行，纪念其为中国会计学发展做出的突出贡献，表达崇高敬意和深切怀念！仪式由厦门大学管理学院党委书记邱七星教授主持。

主题演讲环节由中国会计学会管理会计专业委员会副主任委员、北京工商大学王斌教授主持。

李建发教授做了《数智时代“商科（财会）”转型发展》的主题演讲。他指出，面对科技变革的巨大冲击，要抓住“新文科”建设机遇，推动新商科建设，对传统商科进行学科重组交叉，将新技术融入商科课程，引理（工）入商、引文（社）入商，用新理念、新模式和新方法为学生提供综合性跨学科教育，积极探索突出中国理论与方法的商学教育，优化完善产教深度融合的全新培养模式。

中国会计学会管理会计专业委员会委员、暨南大学胡玉明教授以《数字化时代如何培养管理会计人才》为题发表演讲。他表示，数字化时代意味着数据唾手可得，大学会计学系（院）应该培养具备科技理工人文素养和数字思维的管理会计人才，但课程设置不能本末倒置，应该具有浓厚的会计风味，而且要将数字化思维和职业道德规范融入相关课程。

中创新航科技股份有限公司董事长刘静瑜的演讲题目是《管理会计促进企业可持续发展》。她围绕“战略管理会计”与“管理会计的决策支持”两个层面，从中创新航近四年来的成功管理实践出发，阐述了管理会计系统如何支持企业做正确的事，实现最优化资源配置，实现企业可持续发展。

厦门市美亚柏科信息股份有限公司董事会办公室主任高碧梅进行了《国投智能反向混改美亚柏科案例分享》的主题演讲。她表示，国投美亚混改成功的精华是“人和心齐”，在于混改企业实施了“法人治理、充分授权、高度协同”的管理理念，并严格遵守“国有资产不流失、安全保密要重视、党建工作要加强”的基本要求，从而实现了国投智能与美亚柏科的人和心齐。

主题报告环节由厦门大学管理会计研究中心主任郭晓梅教授，中国会计学会管理会计专业委员会委员、东北财经大学王满教授分别主持。

中国会计学会管理会计专业委员会委员、中山大学刘运国教授以《数字化时代企业员工的精准激励》为题做了主题报告。他认为，员工激励问题是所有企业都必须关注和解决的关键核心问题。“搭便车”、责任不清、考核不明、分配不公是激励中普遍存在的具体问题。激励契约有两个重要组成部分：业绩评价和奖惩制度安排。有两种典型激励契约：基于结果的激励契约和基于风险的激励契约。企业应根据不同激励对象来使用某种契约或契约组合。海尔的人单合一理念及其具体实施工具链群合约和共赢增值表为数字化时代企业员工精准化激励契约设计提供了很好的启示和经验。在每个员工价值增长成就自我的过程之中，自然而然地使企业做优做强做大。

厦门航空有限公司副总经理黄火灶的主题报告为《厦航抗疫达产中管理会计的作用及升华》，介绍了厦航抗疫达产背后的财务推手参谋作用，分享了应对疫情不同场景下的变动成本再认识。

厦航提出的“保现敢飞”“临变可飞”创新之举，体现了管理会计创新应用的道法术，就是要把握市场形势和行业走势，创新应用管理会计工具（术），更新管理会计思维（法），并从企业效益扩展到安全服务更广义的价值创造，并要上升至可持续发展、社会人文乃至家国情怀（道）的高度，全面把握与统筹平衡，从而实现“由技入道”再“以道驭术”，在实践中创新，在传承中升华！

中国太平洋保险集团副总经济师丁鹏，从《保险行业业财管理与分析》的视角指出，保险行业会计几乎是所有行业中最为复杂的会计，依赖以精算数据为逻辑起点的预算，关注单张保单及批量保单的预算盈利，对管理会计提出了特殊的要求。太平洋产险公司业财一体化项目为保险行业管理会计提供了先进的解决方案。以事项会计为理论依据，通过业财数据流分离，在保单层级拉通精算、业务、财务、营运核心数据，绘制保单全成本地图，实现价值链各环节全量全要素的闭环管理，既有预算设置目标，又有过程监控指标，为资源配置、跟踪回溯、决策支持提供精细化工具支持和行动方案。业财一体化项目充分发挥了管理会计预测、预警、监控、协同、调度、决策、指挥七项职能，业务财务、战略财务、基础财务充分联动，助推公司各项发展指标、效益指标行业全面领先。

厦门大学陈亚盛教授做了题为《人工智能在管理中的应用》的主题报告。他分析了人工智能的本质，指出人工智能不是独立存在的物种，而是人的意志在不同时间和空间的执行。他进一步举例说明了人工智能在行为控制、结果控制、人员控制和文化控制方面的实际应用，剖析了这些应用对企业员工互动、组织架构、企业文化的影响，提出了适用于企业人工智能管理的治理框架。

德勤中国内地专业技术主管合伙人俞善敖做了《管理会计理念及工具在审计实践中的运用》的主题报告。他从审计证据的获取方法和审计项目的管理两个角度，分别阐述了管理会计工具方法在审计中的运用，认为管理会计的某些工具方法为注册会计师审计起到了重要的作用。他指出，ESG的绩效管理将和监管机构的监管要求一起推动注册会计师咨询和鉴证业务的发展。

AICPA & CIMA国际注册专业会计师公会华南区区域总监潘鉴标的主题报告题目为《财务领导者如何为未来做好准备——从技能到思维方式的转变》。他分享了公会与咨询机构联合进行的一个访谈和调研，以及共同推出的一份白皮书，关注的重点问题是财务领导应如何更好应对在转型中所面临的挑战。他指出，相对于数字化的技术，财务团队更应该提升数字化思维以及批判性思维。另外，财务领导应倡导具备和提升四种思维和行为模式，分别是：联动影响者、真正颠覆者、好奇叙事者、理性价值创造者。他还介绍了为应对数字化转型AICPA & CIMA与中国国际人才交流基金会共同推出的“数字化管理会计（DMA）”证书情况。

会议举行了五场平行论坛，分别由厦门大学傅元略教授、南京财经大学谭文浩副教授、上海大学许金叶副教授、厦门大学会计发展研究中心主任刘峰教授、青岛大学范英杰教授、厦门大学熊枫副教授、厦门大学罗进辉教授、厦门中翼软件科技有限公司创始人张连胜主持。与会嘉宾围绕“余绪缨教授学术思想”“现代管理会计赋能高质量发展的理论与应用研究”“数字经济时代财务转型与管理会计创新研究”“管理会计创新应用研究”“疫情下管理会计发展与应用研究”等进行了深入交流研讨，畅谈了余绪缨教授学术思想的传承和发扬，共同探索了管理会计创新的路径与方法。

圆桌论坛环节由南京理工大学徐光华教授主持。河北大学管理学院赵立三教授、上海立信会计金融学院会计学院院长李培功教授、厦门大学管理会计研究中心荣誉主任陈国钢、深圳市盐田港保税区投资开发有限公司董事长易德永、《会计之友》杂志社总编辑笑雪围绕“战略管理会计与企业资源配置”展开讨论。赵立三教授从会计学收益的微观视角，研究宏观经济政策与微观经济主体决策之间的逻辑关系发现：在高速经济增长过程中，出现了“虽然是等量资产，却由于资产的形态不同而资产收益率差距持续拉大的经济现象”，提出来“资产收益率宽幅度”的基本概念，准确解读了资产收益率宽度是实体企业金融化、杠杆化、僵尸化的成因；以及对实体企业创新的抑制效应；研究了资产收益率宽幅度与经济结构失衡、宏观经济运行波动以及金融风险演化的传导机制；分析了资产收益率宽幅的成因和影响因素，构建了“资产收益率宽幅度的风险边界与预警区间”，为稳增长、调结构、防风险的政策工具选择提供了微观基础的新方法新工具。李培功教授表示，传统上战略管理会计主要包括企业生命周期分析、成本动因分析、业务流程再造和组织结构调整。他从数据资产和组织资产角度分析，认为随着大数据的发展，很多投资者反而比企业掌握了更多的数据，企业应利用好大数据，奠定自己的战略资源和竞争优势。他指出，企业的组织资源已经成为支撑企业战略的重要基础，应加强产学研的合作。陈国钢主任赞成将管理会计分为三个方向：一是从理论研究的方向研究管理会计；二是从实务的角度对管理会计的需求；三是从教学的角度如何讲解管理会计，学生如何学习管理会计。他指出，要正确认识管理会计与财务会计的关系，加强理论研究与实际工作的相融互促发展，应突出中国特色，解决安全性管理与有效性管理的平衡问题。易德永董事长从“结缘”“感恩”“传承”的视角，诠释了家国情怀、师生情谊，强调要用管理会计的思维进行守正创新。笑雪总编从期刊人的视角阐释了“顶天立地”，即学术性、理论性为“顶天”；实践性、政策性、应用性、社会性为“立地”，指出管理会计要与文化结合起来，加强理论与实务的紧密结合，倡导作者要多种研究范式写作，把论文写在祖国的大地上。最后，笑雪总编声情并茂地朗诵了余绪缨次女陈伟琪教授创作的《江城子·先严百年诞辰寄怀》。

中国会计学会管理会计专业委员会副主任委员、清华大学于增彪教授做会议总结，指出此次会议是胜利的大会、团结的大会、继往开来的大会，要继承并发扬光大余绪缨教授管理会计学术思想，积极回应国家对经济发展的重大关切和需求，为我国企业可持续发展、在国际竞争中立于不败之地做出应有的贡献。于增彪教授还主持了本次会议优秀论文奖和管理会计实务优秀创新奖的颁奖仪式。

自强不息，止于至善。此次学术年会以“现代管理会计赋能企业组织和社会经济发展”为主题，围绕数智时代下的商科转型发展、管理会计人才培养、管理会计理念实践运用、促进企业可持续发展等议题展开研讨，就管理会计如何服务新时代发展开拓了新视野，推进了中国管理会计的研究发展。会议重温了余绪缨教授的管理会计思想，为整合学界智慧与业界经验、促进理论探讨与经验交流搭建了广阔平台。

（本文原载《会计之友》2023 年第 8 期）

领略大师学术智慧　振兴中国管理会计

南京大学会计与财务研究院院长、
教授、博士生导师　杨雄胜

余绪缨教授是中国当代公认的会计学大师。对他的学术影响以及对中国会计发展的巨大贡献，我没有资格更没有能力做出评价。作为一名深受余绪缨教授学术熏陶的晚辈，在先生百年诞辰之际，对中国管理会计学术研究的发展方向以及目标定位，发表以下不成熟看法，借此表达对敬爱的余绪缨教授的深切怀念之情。

中国管理会计到底是什么？管理会计在当今中国可谓空前热门。学界、商界、政界涌现出一大批有识之士，通过各种学术媒介与平台，甚至在严肃的政府会议上，纷纷表达对管理会计的强烈需求。在当前中国，到底什么是管理会计，可能是一个谁都知道但谁也无法说清楚的问题。整个社会重视管理会计，对管理会计发展当然非常有利，但管理会计缺乏公认定义，又会使我们在确定中国管理会计发展的大方向与大思路时，陷于无所适从的窘境。当初，余绪缨教授对管理会计的定义得到了大家公认，中国管理会计理论与实践探索由此步入了正轨。因此，中国管理会计理论与实践发展的当务之急是尽快统一对管理会计的基本认识，而明确适应中国社会经济发展需要的管理会计定义，无疑是重中之重。

基于中国改革开放以来管理会计理论与实践发展的经验与教

训，我以为明确管理会计定义，首先要明确管理的基本意义。放眼世界，管理已不仅仅局限于职能、技术、方法与工具手段，更重要的是人性基本面的开放、解放与固本。管理是把人类品性中最基本面，充分地激发并释放出来。人类品性最基本面是“善性”。现代管理学之父德鲁克正是基于此，把管理根本目的或本质确定为“激发和释放每个人与生俱来的善意”。依此而论，管理会计就是服务于激发和释放经济生活中每个人的善意。就现实层面看，人类善意应该而且必须具有“可实践性”。因此，人类善意必须是一个具有“明确定义、可观察、可感知、可计量以及能验证”的概念。这样，人类善意才可以成为可评价的对象。管理会计就是对现实经济活动人类善意的共识性认知框架以及实际状况的反映（信号）系统。这样的管理会计定义，使管理会计在中国赢得了发挥功能作用的广阔空间与明确清晰的发展方向。

明确了管理会计定义，就可以进一步明确管理会计研究的主要内容。

首先，要准确定义人类善性。人类善性至少体现在四个层面的有益无害：对自然（生态环境）、对整个人类（资源与文明）、对国家民族（文化）、对组织与职业（经济物质利益）。

其次，对人类善性在这四个层面分别确定相对应的观察框架结构、计量对象及方式方法与口径标准。

最后，对现实经济活动从决策和行动两个层面，运用管理会计既定的标准认知模式，对经济活动体现人类善性状况与程度的动态反映，以揭示现实经济活动的善恶状况，从而引导现实经济活动遵循并体现越来越多的人类善性。如此管理会计背景下，收益与利润是人类善性的计量指标，资产成为体现人类善性的能力，成本则是实现人类善性付出的代价，而权益就是经济活动未来对人类善性的具体承诺。这样，会计要素的内涵获得了一种真正具有生命力的意义。

余绪缨教授管理会计研究，前半段着重原汁原味引进西方管理会计，后半段竭力主张管理会计应以弘扬中华传统优秀文化为立足点，从而赋予管理会计以中国之魂。这样的管理会计学术人生，对于我们现在理清当前中国管理会计发展思路极具启发作用。就我目前的认知水平，认为中国管理会计发展，必须以正确全面领会并吸纳奈特的“不确定性利润观”与熊彼特的“新组合创新利润观”为抓手，尽快完善以风险计量和创新引导为核心内容的现代管理会计制度；在此基础上，把中国传统文化中“激发并倡导人类善性”的智慧（例如范蠡的经商观、冯谖的资产负债观、荀子的抑恶之道、管仲的调控之策等），融入现代管理会计制度中。如此而行，中国管理会计的未来必然呈现一派勃勃生机！

（本文原载《会计之友》2023 年第 8 期）

先生之风　山高水长

——纪念余绪缨教授百年诞辰特别直播活动发言综述

西安交通大学管理学院副院长、教授、
博士生导师　田高良

各位好！非常荣幸受清华大学于增彪教授邀请参加纪念余绪缨教授百年诞辰特别直播活动。下面我从余绪缨教授帮助陕西高校管理会计发展的故事以及管理会计与业财融合发展两个方面进行介绍。

一、余绪缨教授为陕西管理会计发展所做的重要贡献

一是教材编写。余绪缨教授是中国管理会计的奠基人，他编写了中国第一本管理会计教材，受余绪缨教授的影响，西安交通大学管理学院西迁老教授俞察老师也编写了西部第一本管理会计教材，为陕西高校管理会计发展提供了教材支持。1985 年，我高校毕业分配到西安秦川机械厂厂部任总会计师秘书，我学的是机械制造专业，为了尽快适应工作，当年 11 月，我开始参加自学考试，《管理会计》课程所用的主要参考书就是余绪缨教授主编的《管理会计》教材，可以说，余教授的这本《管理会计》开启了我的管理会计之门。

二是师资培养。我的硕博导师杨宗昌教授和余绪缨教授是多年的老朋友，20 世纪 80 年代初，经杨宗昌教授联系，原陕西财经学院会计系先后委派了 10 多位老师，采取不同形式，前往厦门大学会计与企业管理系学习。（1）半年至一年进修：原陕西财经学院左志坚教授、张晓岚教授均进修半年、张苏彤教授进修 1 年。（2）助教研究生班：派张俊瑞、冯均科两位青年骨干教师到厦门大学助教研究生班学习，当时，与于增彪教授、曲晓辉教授同班。（3）本科交换生：宋学东、冀祥等老师大一大二在原陕西财经学院学习，大三大四作为交换生派到厦门大学会计与企业管理系联合培养。余绪缨教授亲自讲授《管理会计》《作业成本核算》两门课程。1996 年，我硕士毕业留校任教，主讲的第一门课就是《管理会计》，余教授的《管理会计》教材一直是我使用的经典参考文献。

三是学科建设。雄厚的师资队伍为原陕西财经学院学科发展奠定了坚实的基础。1996 年，陕西财经学院获批全国第八个会计学博士点。余绪缨教授无私将厦门大学的博士生培养计划和课程大纲教案分享给杨宗昌教授，为原陕西财经学院会计学博士的建设做出了重要贡献。

四是登门拜访。2005 年 7 月，受导师杨宗昌教授委托，我专程赴厦门余绪缨教授家中进行拜访。当时，余教授精神矍铄，声音洪亮，我一进他家门，他就高兴地说“有朋自远方来，不亦乐乎”！至今，余教授的音容笑貌仍历历在目。

云山苍苍，江水泱泱，先生之风，山高水长。虽不能至，心向往之。余绪缨教授是我国管理会计的开拓者和奠基人，向老前辈余绪缨教授致敬学习！

二、管理会计与业财融合

（一）管理会计与业财融合的关系

余绪缨教授在20世纪80年代中后期，富有创见性地提出包括微观管理会计、宏观管理会计和国际管理会计三个模块组成的“广义管理会计”新体系。近40年过去了，管理会计理论与实践发生了很大变化，特别是2014年财政部发布了《关于全面推进管理会计体系建设的指导意见》，2016年发布了《管理会计基本指引》，随后又陆续发布了《管理会计应用指引》和示范案例库，标志着中国管理会计指引体系基本建成。

管理会计与业财融合究竟是什么关系？我给大家推荐两本书，从中就能够找到基本答案。一本是孙湛教授所著的《管理会计——业财融合的桥梁》，2020年由机械工业出版社出版。该书按照公司运营的基本顺序，即计划—财务管理—决策—核算—分析—内控的逻辑对管理会计在企业中的应用做出详细阐述，充分说明了业财融合对提升企业效益的作用。另一本是北京元年科技股份有限公司总裁、《管理会计研究》期刊特聘主编韩向东所著的《智能管理会计：全面赋能业财融合的实战指南》，2021年由人民邮电出版社出版。该书分别从应用和技术两个方面阐释了数字化时代管理会计的应用创新。上述两本书清晰阐述了管理会计与业财融合的关系：管理会计是业财融合的桥梁，智能管理会计能够全面赋能业财融合。

（二）业财融合的发展

数智技术迅猛发展，对全球经济发展、社会进步、人民生活带来重大而深远的影响，产品将被场景所替代，行业将被生态所覆盖，工业互联网将成为驱动经济发展的新引擎，也给财会理论与实务带来了前所未有的挑战。上海国家会计学院主办的“影响中国会计人员的十大信息技术”评选，“财务云”连续五年名列第一。因此，我们必须把握好数字化、网络化、智能化的发展机遇，充分吸收新技术赋予的新能量，及时实现财务转型，由高速扩张向高质量发展转变，由管控型财务向赋能型财务转变，由核算场景向业务场景转变，由流程驱动向数据驱动转变，由业财分离向业财融合转变，由守护价值向创造价值转变。

余绪缨教授早年曾提出技术一定要和财务连接，人的理念和观念必须更新，适应技术与财务融合的要求。下面我分享 2022 年的两篇论文和一个案例。

1. 田高良，杨娜．《海尔共赢增值表实践与管理会计报告创新》

“人单合一”模式是海尔集团多次战略转型的思想基础，海尔经历了六次转型，不断探索顺应时代发展的商业模式和管理工具。随着财政部《关于全面推进管理会计体系建设的指导意见》的推出，海尔集团结合物联网商业环境和企业的发展战略，率先设计和使用了共赢增值表，为管理会计报告指引的应用实践提供了很好的经验借鉴。文章从利益相关者的视角，构建了我国企业管理会计报告框架，结合海尔共赢增值表的理论与实践，建立以

“共赢增值表”为抓手的管理会计报告体系，为管理会计报告体系的完善和实践操作提供有益的补充。

共赢增值表是基于人单合一模式，以用户为中心的物联网生态价值衡量模式，由企业、外部资源方以及用户共同参与的新的开放物联网（IoT）“生态系统”的驱动体系。它是在海尔将传统损益表创新为战略损益表后，进一步做出的适应“人单合一2.0”时代的重要管理工具创新。

共赢增值表是海尔转型成为物联网企业的驱动工具，驱动海尔从先前自上而下的管理控制体系转变为开放的小微价值创造的生态体系。海尔的目标是创建一个包含所有用户、利益攸关方和其他公司资源增值前提下的“共赢”平台。海尔的业务模式颠覆了传统企业和电商以交易获取产品收入的模式，代之以与用户交互各方共创共赢，共享增值，进而产生生态收入的模式。在组织上，颠覆传统的科层制形成以用户体验迭代为中心的无边界网络生态链小微群（简称链群）。

共赢增值表结合了财务和非财务数据、监控和驱动企业、利益攸关方和用户的增值，旨在从六个方面评价和驱动各小微企业：用户资源、资源方、生态平台价值（含增值分享）、收入（生态收入）、成本和边际收益。

2020年7月，海尔成立了共赢增值表研究院，2021年，发布了《海尔共赢增值表》蓝皮书。这一探索实质就是余绪缨教授提出的广义管理会计理论体系的传承与发展。

2. 田高良，杨娜，张亭.《ESG背景下构建全景式财务报告体系探讨》

文章一方面基于大数据驱动的财务报告体系生态环境的变化，

探索大数据驱动的全景式财务决策范式转型的作用机理，即深入剖析大数据如何驱动财务管理决策范式向“全景式”模式变革；另一方面探索大数据驱动的全景式财务报告体系的理论逻辑，即基于财务管理决策范式的变革，从数字技术发展、公司战略转变、组织结构变革、商业模式创新等视角分析全景式财务报告体系诞生的理论逻辑。

3. 山东能源集团临沂煤矿案例：新时代、新财务、大共享

临沂煤矿经过5年的财务数智化转型，设计了6类报账标准+54个表单+711个业务场景，实现了标准化业务场景+安全高效的专业模块双轮驱动财务数智化转型，真正实现了新财务，大共享，即供产销人财物全要素的共享，为企业数智时代业财融合提供了范本。

（三）体会

举行“中国管理会计的里程碑：纪念余绪缨教授百年诞辰”线上特别直播活动，就是要学习传承余绪缨教授管理会计思想。暨南大学胡玉明教授《承前启后：重温余绪缨管理会计思想》一文，系统总结了余绪缨教授管理会计思想，可谓精准到位：理论自信、学术自尊、学术自信、人文情怀，特别是余绪缨教授的创新精神与人文情怀值得我永远学习。

最后，我借用国学大师王国维先生谈古今成大事者的三种境界作为结语。一是“昨夜西风凋碧树，独上高楼，望尽天涯路。”面对世界百年未有之大变局，好像什么都是捉摸不定的，但数字化发展的趋势是确定的，研究数字化时代管理会计发展任重道远。

二是“衣带渐宽终不悔，为伊消得人憔悴。”未来已来，将至已至，行而不辍，未来可期。面对数字化时代，我们将不负韶华，为中国管理会计发展做出自己的贡献。三是“众里寻他千百度，蓦然回首，那人却在灯火阑珊处。”我坚信，经过大家的共同努力，中国管理会计一定会在余绪缨教授开拓奠基的基础上再创辉煌！也正如交大校歌所云：经营四方，为世界之光！谢谢大家！

（本文原载《会计之友》2023 年第 8 期）

综合交叉研究引领管理会计未来发展

——纪念余绪缨先生百年诞辰特别直播活动发言综述

南开大学商学院教授、博士生导师　刘志远

余绪缨教授是我国管理会计学科的开拓者和奠基人，其深邃、博大的学术思想和开拓、创新的研究成果，对我国管理会计事业的发展产生了广泛而深刻的影响，并延续至今。在余绪缨教授百年诞辰之际，清华大学于增彪教授于2022年9月10～12日组织了“中国管理会计的里程碑——纪念余绪缨教授百年诞辰”线上特别直播活动，我有幸应邀参加了此次活动并分享了一些感悟。现不揣浅陋，将其整理成文，以表达对余绪缨教授的深切缅怀和敬佩之情。

我在从事管理会计教学和研究的道路上，曾深深受益于余绪缨教授的学术思想和学术成果。我大学本科学习的是物理专业，1984年考入南开大学企业管理专业（会计方向）攻读硕士研究生后，才开始学习企业管理和会计领域的知识。运用会计信息帮助企业提高管理水平的管理会计，将我所学的企业管理专业和会计方向融为一体，成为我最感兴趣的会计领域。余绪缨教授编著的《管理会计》教材和一系列管理会计研究成果，奠定了我对于管理会计认知的基础，引领我走上管理会计教学与研究之路。比如，余绪缨教授关于行为科学是管理会计理论基础重要构成的观点，启发我以“责任会计与行为科学”为题撰写了硕士学位论文，尝试对管理会计开展综合交叉性的研究。再如，留校任教之后，我选择主讲管理会计课程，多次采用余绪缨教授编著的不同版本的管理会计教材进行教学，并在反复学习的过程中，不断提升了对管理会计的理论架构、知识体系和学科精髓的认识。此外，余绪缨教授曾担任南开大学兼职教授并亲临南开大学会计学系指导工作，我也曾在厦门大学几次面见余绪缨教授并当面请教，有幸近距离感受先生的大师风范、学术情怀和人格品性，更是受益匪浅。

余绪缨教授的管理会计思想博大精深，在此，我仅就余绪缨教授关于管理会计综合交叉研究方面的思想和贡献，谈一些个人粗浅的学习体会。因我学识所限，又纯粹是一些个人感悟，错谬之处在所难免，敬请广大读者批评指正。个人认为，余绪缨教授为我国管理会计的综合交叉研究奠定了坚实的基础，做出了独创性的贡献，为未来开展管理会计的综合交叉研究提供了重要指引。主要体现在以下三个方面。

1. 余绪缨教授明确提出管理会计是综合性交叉学科，为综合交叉研究管理会计奠定了学科基础

引进管理会计之初，余绪缨教授就深感：现代管理会计是一门新兴的、将现代化管理与会计融为一体的综合性交叉学科。进一步指出：管理会计是以现代管理科学为基础、以决策性和执行性管理会计为主体的综合性交叉学科。余绪缨教授将管理会计明确定位于综合性交叉学科的学术思想，超越了当时关于会计学科的传统认知，使管理会计的综合交叉研究具有了坚实的学科基础，启迪管理会计的研究者以更加清醒、敏锐的学术意识对管理会计问题进行综合交叉研究，开启了我国管理会计

综合交叉研究的大门。

2. 余绪缨教授以管理、决策与信息之间的内在联系为主轴，为管理会计综合交叉研究奠定了核心骨架

管理会计的综合交叉研究并非漫无边际，而是应该有其核心骨架，并围绕这一核心骨架展开，如此才能避免“管理会计是个筐，什么都能往里装”的现象发生。余绪缨教授对管理会计综合交叉研究的思考，围绕管理、决策与信息之间的内在联系这一主轴展开。他明确指出：“管理的重心在经营，经营的重心在决策”，而“决策离不开信息”，既阐明了信息对决策的重要性，又说明了信息的目的是帮助管理者进行科学的管理和决策，故管理会计提供信息必须理解管理的特性和需求。由此，余绪缨教授非常重视管理理论在管理会计综合交叉研究中的基础性地位。他富有洞见地提出：现代管理科学的形成与发展，对管理会计的形成和发展，在理论上起着奠基和指导的作用，科学管理、运筹学和行为科学构成管理会计的理论基础等重要观点，这一概括是对管理会计发展历史和发展规律的高度总结。余绪缨教授同时指出，管理会计服务于管理，通过“为管理（包括财务管理）提供有用的信息”促进和影响决策，是“信息系统”和“决策支持系统”。由此，余绪缨教授全面、科学地把握管理会计的学科属性与工作属性，将管理会计综合交叉研究的着眼点和落脚点放在如何更好地提供与管理和决策相关的信息上，为管理会计综合交叉研究确立了“管理为基（决策信息需求），会计为本（决策信息支持）”的核心骨架。这一综合交叉研究的核心骨架，鲜明地体现了管理会计是一个将“管理与会计融为一体”的“信息系统”的复合学

科特性。

3. 余绪缨教授构筑了一个内容丰富、富有逻辑和可拓展性强的管理会计综合交叉研究的学科体系

余绪缨教授以其深厚的学术底蕴、高瞻远瞩的学术眼光，为管理会计构筑起一个包含哲学、经济学、数学、行为科学、决策科学、信息技术、文化学、系统论、控制论、信息论等在内的，内容非常丰富、可拓展性极强的管理会计综合交叉研究学科体系。同时，这一体系又蕴含着极强的内在逻辑性，可以根据管理会计综合交叉研究的核心骨架，沿着信息需求、信息提供、信息影响、信息目的这一主线进行理解。

比如，引入决策科学、信息经济学、代理理论、数量方法和建立以电子计算技术为基础的会计信息系统等，有助于更深入、全面地理解对管理会计的信息需求，有助于管理会计更好地提供相关决策信息。再如，余绪缨教授创造性地提出并构造了由微观管理会计、宏观管理会计和国际管理会计三个模块组成的“广义管理会计体系”，实际上也是发现了管理会计信息需求和提供的新领域，认识到宏观管理与微观管理、国际管理与国内管理的信息需求和信息提供有很大的不同，需要单独进行研究而提出的。

管理会计提供信息的目的在于影响决策和行为，以达成管理目标、创造价值。余绪缨教授认为，管理会计的职能本质上是一种行为职能，应把激励人的行为贯穿始终。因此，余绪缨教授认为行为科学在管理会计的应用是管理会计发展的一个基本方向，提出“管理会计的研究不能局限于其技术层面，必须同社会文化观相结合”，倡导向综合性的“软科学”方向发展。决策的复杂

性、不确定性，人的行为动机的复杂性与变动性、硬信息的局限性等，决定了管理会计不能只提供硬数据信息，而必须同时关注影响信息提供、使用的软性因素，注重管理会计的艺术性。因此，余绪缨教授非常强调文化因素对管理会计的影响，敏锐地意识到文化因素对信息需求、提供和行为影响的复杂含义，从而引领管理会计发展的人文化趋向，并为中国特色管理会计体系的建设提供了重要理论基础。

总体而言，余绪缨教授对管理会计综合交叉研究的思考和开拓，既超越会计，又始终回到会计；既发展会计，又坚守会计本色，始终围绕管理需求为基，会计信息为本，影响决策与行为，创造效益与价值这一主线展开，构筑了一个覆盖全面、内在逻辑一致的管理会计综合交叉研究学科体系。

从历史上看，管理会计的产生就是综合交叉的结果，而不是依靠任何一个单一学科，管理会计的持续发展更是综合交叉的结果。某种意义上说，没有综合交叉就没有管理会计，博采众长，为我所用，一直以来就是管理会计学科一个重要的内生特征。综合性交叉学科的属性决定了管理会计学的复杂性，同时也决定了管理会计的生命力的强大。管理会计是一个开放的系统，开放是促进管理会计发展的重要特征，因此，未来的管理会计研究也必须坚持综合交叉研究，广泛吸取对管理会计有用的理论、知识和方法。

未来的管理会计综合交叉研究，仍然必须坚持余绪缨教授对管理会计综合交叉研究提出的思想路线。管理会计的综合交叉研究不能为了交叉而交叉，而是要不忘初心，牢记管理会计的学科属性和本质工作要求，围绕信息需求、信息提供、信息影响、信息目的这一主线进行。管理会计发展史上，曾有较长的一段时间引进了很多学科，对管理会计问题进行交叉研究，也曾产生了很多研究成果。但这些研究因为丧失了管理相关性，不能帮助管理会计提供与管理相关的信息，不能助力企业创造价值，反而导致管理会计由盛转衰。这个教训我们应该牢牢吸取，在管理会计综合交叉研究中不再犯类似的错误。

有余绪缨教授这样的管理会计大师，其丰厚和富有穿透力的学术思想与学术视野，至今依然在为我们指引着前行之路，何其幸也！愿我们在余绪缨教授奠定的坚实基础上，努力学习领悟并持续发扬光大先生的学术思想，推动中国管理会计走向世界前列！

（本文原载《会计之友》2023 年第 8 期）

余绪缨教授学术传承和发展

——纪念余绪缨先生百年诞辰特别直播活动发言综述

东北财经大学会计学院教授、博士生导师　王　满

很高兴能在这样一个特别的日子里，受于增彪老师的邀请，来到直播间以这样一个特殊的方式和大家见面。

余绪缨教授是我国管理会计学科的开拓者和奠基人，率先把西方的管理会计引进来，对我国管理会计的发展做出了重要贡献。余绪缨教授是中国管理会计的大师，大师的著作和思想令人敬仰。

下面我从余绪缨教授 1983 年版的《管理会计》这本教材和创新行为会计两个方面谈起。

一、管理会计发展的奠基之作《管理会计》（1983 年版）

我能够走进管理会计，正是因为受到余绪缨教授思想的影响，对我影响力最大的就是 1983 年出版的《管理会计》教材（发行量很大，估计超过 100 万册），吸引我走进了管理会计的教学和研究领域，使我能够很愉悦地从事一份自己热爱的工作。

1984 年我本科毕业留校当老师，本科和硕士的专业都是物资管理，由于当时物资管理是新专业，开哪些课也都在摸索当中，在我最迷茫的时候，是余绪缨老师的这本《管理会计》为我打开

一扇门，引领我走进了管理会计。我经常说，余绪缨教授编著的这本《管理会计》就如同灯塔一样为我指明了未来的方向。

在改革开放之前，我们国家虽然没有管理会计学科，但是管理会计理念的实践事实上是存在的。余绪缨教授在改革开放的初期，把西方会计学术思想引入中国，确立了“以我为主，博采众长，融合提炼，自成一家”的原则，创建了中国管理会计学科，形成了具有中国特色的《管理会计》教材结构体系。

我们做管理会计教学和研究的人可能都感受得到，虽然现在国内管理会计的教材数不胜数，但是几十年来我国管理会计教材的核心体系没有离开余绪缨教授的这本《管理会计》教材的核心内容或基本框架。余绪缨教授的这本《管理会计》，不仅是把西方管理会计系统地介绍和引进到我们国家的一部经典之作，也是我们国家管理会计发展的奠基之作，使我们学界后人接触到的管理会计理念方法就是与国际接轨的。

虽然我国管理会计学科建设的起点晚，但是起步高，余绪缨教授编著的《管理会计》，洋为中用，取其精华，弃其糟粕，使我们能站在巨人的肩膀上进行管理会计的教学和科学研究。作为管理会计的后学（后来）人，我们是非常幸运的。

余绪缨教授把管理会计引入中国可以说是对推动中国的会计改革和发展具有一种划时代的影响力。余绪缨教授著作和思想的影响力，不仅仅体现在会计学界，影响着专业人士在管理会计领域深耕，还吸引了很多像我这样非会计专业的人走进了管理会计领域。管理会计内容对于非会计专业人士来说是一个很容易接受、很容易理解的专业知识，因为它的思维是业财融合的，对于我们这些非财务专业人士，很容易产生共鸣。

现在推广管理会计的实践应用，不仅对财务人员转型，而且对于非财务人员，特别是对企业高管来说，都非常有用。希望能够借着余绪缨教授百年诞辰这样一个活动，继承发扬大师的思想，推动普及中国管理会计的理论研究和实践创新应用。

二、关于创新行为会计

关于创新行为会计，今天我想从余绪缨教授关于“创新行为会计”的角度，谈谈行为会计与业财融合，谈谈在当今热火朝天的业财融合中，对余绪缨教授学术思想传承的思考，以及数字化时代对管理会计的挑战。

下面从创新行为会计与业财融合角度谈谈我对余绪缨教授学术思想传承的思考。

余绪缨教授1983年出版的《管理会计》教材，将科学管理、运筹学和行为科学作为构成管理会计的理论基础，将大量的现代管理科学的运筹学、行为科学等方面的研究成果引进、应用到会计中来，形成了一个新的、相对独立的、完整的管理会计理论方法体系。

余绪缨教授的创新性行为会计认为“会计的社会文化层面远比它的技术层面重要得多”。数学方法只是表述管理会计思想的手段，并不是管理会计思想本身。人，作为社会人，他的学识、经验、能力、心理等因素及其主动性、积极性发挥的程度等是很难量化，有些也是无法量化的。即使通过假设，得到数学上的“最优”数量关系，但在实践中的应用效果还需依赖使用者的智慧和综合判断能力。在管理会计中，数学方法的应用虽可在较大程度上弥补一般定性分析的不足，但不能解决人的思想问题。

余绪缨教授对创新行为会计的独到见解，对当前理论界和实务界的热词“业财融合”实践也具有极大的启发作用。

当前，实务界热火朝天进行“业财融合”。不论是财务还是非财务的高管都经常会问我一个问题：我们企业的业财到底该咋融合？我认为，业财融合不是简单的技术问题，不是企业上了什么系统、用了什么软件，就是业财融合了。按照余绪缨教授创新行为科学的思想，业财融合首先应该实现理念和文化的融合，才能实现业务与财务在技术上的融合。现在的信息技术解决了业务与财务在技术上的融合，但是未能解决理念和文化的融合。

我们知道，管理会计的底层逻辑是 cost behavior，我们翻译为成本性态，如果单独只看 behavior 这个单词，你可能不会翻译成性态，肯定会理解为行为，所以说管理会计的底层逻辑就是基于行为科学，运用会计信息探索企业管理决策问题的学科。比如我经常说，降成本不是会计的事儿，要从业务行为上思考如何降成本，就像有些财会人员抱怨，这成本也不是我们财务发生，老板总让我们财务想办法降成本。我解释道你老板的意思是说，你能从账上、从会计的数据上，看出来是哪个部门、哪个生产线、哪个业务环节、哪个作业的成本有问题，让你们帮助业务人员降成本，用现在的话，就是要业财融合去降成本。如果业务与财务人员缺少基本理念和文化层面的共同认知，是难以相互理解和沟通的，就像有些业务人员抱怨，啥叫财务信息化，啥叫业财融合，就是财务将他该干的活儿让业务人员去干了，过去，我们只管去出差开会、去采购，拿到报销的发票就行了，现在这些业务的基础数据都变成业务人员自己录入了。

从财务人员和业务人员的相互抱怨中，我们能感受到，业财融合不是单纯的技术问题，而是社会文化问题。余绪缨教授早在20世纪90年代就指出，管理会计的研究不能局限于其技术层面，必须同社会文化观相结合，由“物本管理”转向体现“人文观”的“智本管理”。我们深深地感受到余绪缨教授强调管理会计必须“由技入道”“以道驭术”是非常具有前瞻性的。我非常钦佩，也非常认同余绪缨教授创新行为会计的思想，如果没有思想上、理念上的融合，行为上是不可能真正有效融合的。也就是说，人的观念、文化不融合，行为上就不可能融合。业财融合的过程应该是由技入道，以道驭术的过程。

余绪缨教授在2007年发表的《谈现代管理会计的刚与柔》一文中指出：要正确认识和处理“以规章制度为本”的刚性管理与“以人为本”的柔性管理的关系。余绪缨教授以他深厚的中国传统文化功底，对管理会计发展的人文化趋向的独到见解，闪耀着“东方智慧”灿烂光芒，照耀着学界后人，他的创新行为会计理论，体现着对中国会计文化的自信。

我们作为管理会计的学界后人，应不辱使命，努力传承和发扬余绪缨教授的学术思想。

由于时间有限，我下面简单谈谈数字时代对管理会计的挑战。做管理会计的人都会发现，从第一次工业革命产生的标准成本制度，到第二次世界大战结束后，随着竞争加剧和提高企业管理决策水平的需要而产生的变动成本法，100多年已经过去了，管理会计创新性的技术并不多，我们时常说的用的作业成本法、全面预算、平衡计分卡、EVA等，也是在20世纪90年代就已经形成了，也是存在了数十年的工具。不过，虽然这些管理会计工具本身没有大的改变，但对这些工具应用仍然非常火爆，各种组合应用也在不断创新。给我们带来的一个思考是，数字经济时代解决了这些工具方法应用的技术上的问题，如何让这些传统的、经典的管理会计的工具能够在数字经济时代发扬光大?

数字经济时代，管理会计工具方法应用的技术环境发生了变化。过去，我们财务人员被人称为“表哥表姐”，在新技术时代，财务人员不再是处理票、账、表、钱、税等标准化流程的操作员。原来以会计科目加核算为数据维度，现在看可能连“小数据”都称不上。因此，管理会计如何利用大数据、财务云构建满足企业管理决策需要的数据网络，探索管理会计立体化应用的理论研究和实践研究，为企业的业务发展和管理决策提供数据支持。所以说未来管理会计的发展和应用之路充满了挑战。

余绪缨教授在2004年发表的《现代管理会计研究的新思维》一文中指出“随着工业经济向知识经济转变，管理会计在突破财务会计的‘二维结构’的既定框架，转变为‘三维结构’模式的基础上，走自己独立发展的道路”。我想大师的这些在知识经济时代提出的学术思想和观点在数字经济时代同样适用，应该得以传承和发展。

非常感谢于增彪老师的邀请，在余绪缨教授百年诞辰之际，有机会与大家进行这场跨越时空的学术交流。这三天直播对我也是一个思考和学习的过程，重温大师的作品，再次感受到大师管理会计研究的前瞻性和学术思想的影响力。

让我们这些热爱管理会计、从事管理会计理论研究和实践应用的同仁，一起撸起袖子加油干，为推动和发展中国特色管理会计贡献力量。

（本文原载《会计之友》2023 年第 8 期）

凝聚专业智慧　开拓发展前沿

——评余绪缨教授论现代管理会计的新思维与新发展

首都经济贸易大学教授/中国政法大学
特聘教授、博士生导师　杨世忠

进入新世纪，余绪缨教授提出了现代管理会计“以系统观取代机械观”等的新思维观和“研究内容对内深化与向外扩展并举”等的新发展观。审视管理会计的新发展，无不印证余绪缨教授当年的观点。值此纪念余绪缨教授百年诞辰之际，重温当年的论述，成为照亮管理会计航船未来航行的灯塔。

一、引言

进入新世纪，有一位年逾80的学者对现代管理会计的发展进行了前瞻性研究，提出了现代管理会计新思维和新发展的学术观点。转眼间，到了21世纪20年代，中国乃至世界管理会计的发展，一直在印证着这位学者当年的研究结论。这位学者就是厦门大学的余绪缨教授。

余绪缨教授毕生从事教育事业，在管理会计学科园地里辛勤耕耘，桃李芬芳，硕果累累。他在管理会计领域的学术造诣和学术影响，不仅国内首屈，而且影响海外。

管理会计具有两个鲜明的特征：一是密切联系实际，其理论与方法应用非常接地气，有所成就必是知行合一；二是面向未来，是在对以往理论及其实践进行深刻总结的基础上，对未来的预测、决策与控制。余绪缨教授对管理会计贴近实践的特征领会颇深，无论是介绍国外的新方法、新理论，还是回顾中国的传统文化，无不以管理实践为基础。他生前推崇老子、孔子和孙子，认为中国管理会计必得老子道学、孔子仁学与孙子谋略的真传而发展。他推崇老子关于道的大智慧，笃信孔子仁学中的人本观、平等观、人和观、诚信观、中庸观、义利观与经权观，宣传孙子的谋略思想与战略视野。《孙子兵法》开篇就讲“计”，讲未战先算。管理会计同样是强调未战先算，强调发挥预测职能与参与决策的积极作用。孙子曰：“夫未战而庙算①胜者，得算多也；未战而庙算不胜者，得算少也。多算胜，少算不胜”。余绪缨教授认为“管理会计人员属于企业决策支持系统中的参谋人员，其主要职责是从事决策的研究工作，为企业的领导者、管理者有效地进行决策提供智力支持和咨询服务”。将管理会计人员比喻为参谋，就是要发挥出“先谋而后动，胜算定未来”的作用。余绪缨教授晚年对管理会计学科未来发展的研究，也从另一个侧面凸显了管理会计学者所具有的前瞻性眼光和指导性视野。

二、现代管理会计的新思维

余绪缨教授于 2003 年提出的现代管理会计新思维有四个方

---

① 庙算是指古人战前在宗庙里的商议。商议中要从“道、天、地、将、法”五个方面进行敌我比较，研判双方的优势与劣势，以此作为是否开战以及如何作战的依据。

面：一是以系统观取代机械观；二是文化观结合技术观；三是不能滥用数学方法；四是研究视野要从“二维结构”向“三维结构”扩展。

（一）关于“系统观”取代“机械观”

余绪缨教授认为，传统管理会计的思维是机械思维，将组织看作是一台机器，像机械钟表那样，运转的动力来自外部。现代管理会计的思维是系统思维，将组织看作是社会大系统的组成部分，与大系统之间存在着互动关系。“在一个有机体中，局部不能脱离整体而存在，只有在整体中才有存在的意义。一个有机体的各个部分之间形成一个具有互动关系的网络，这种互动关系的运转不是像钟表那样要靠外力的推动，而是它们本身之间存在着一种内在作用力的相互驱动。”

根据机械观，整体与局部的关系是简单的线性依存关系，整体是局部的简单加总。机械观导致的是物本管理。物本管理是一种单纯以效率和物质利益为中心的管理。物本管理把人作为管理的对象和生产操作的工具，纳入物的系统进行管理。其典型表现是泰罗的科学管理，把工人看作是机器设备的附属品，使人性物化，是非人性化的管理。物本管理遵循物质运动的客观规律，要求管理人员应用以精准定量为基本特征的严密的数量分析方法进行管理。

基于系统观实施的是人本管理。人本管理强调人在管理中的主体性，认为不能把管理看作单纯的物质技术过程，管理是一个复杂的人文社会系统，要求在尊重人的人格独立和个人尊严的前提下，确立人在生产经营中的主体地位。人本管理力求从员工对自己行为的主动性和人际关系的和谐性出发，来充分调动广大员工个人和各种组织群体的积极性和创造性。人本管理的组织基础是扁平化分权管理，使员工具有充分的自主权、知情权和参与权；思想基础是产业民主，要激发每个人的主人翁责任感和乐于奉献的精神，使每个员工头脑中的知识宝库都能转化为企业取之不尽的创造源泉；文化基础是价值观和道德风尚、行为准则。余绪缨教授认为人本管理具有管理方式转型（从命令、控制型向激励、引导型转变），善于变通，以简驭繁，无为而治四个特点，更能适应充满不确定的管理世界变化环境。

（二）关于文化观结合技术观

余绪缨教授认为“会计问题绝不是单纯的技术性问题，要使通过会计的技术方法进行收集、加工、综合、分析所形成的会计信息，对社会经济的发展充分发挥积极作用，首要的问题是必须以正确的社会文化观作为指导”，否则，不管会计的技术方法如何复杂、先进，“如果它提供的信息不能有效地影响人们的行为，就不可能对社会经济生活发挥任何实际作用”。如果组织的领导在价值观上出了问题，为了实现“以数谋官”，就会要求会计部门做假账，导致会计信息严重失真。所以，会计信息的失真问题，光靠技术是解决不了的。“任何技术方法的应用如果没有正确的社会文化观作指导，都无法对社会经济的发展产生积极的效果。”总之，管理会计需要“由技入道”至“以道驭术”。

（三）关于重新认识数学方法在管理会计中的应用

余绪缨教授认为管理会计要应用一定的数学方法来研究变量

之间的相互依存关系，但是不能过高地估计它们的作用。社会经济现象与自然现象有很大差别，因而数学方法在社会经济科学和在自然科学中应用的有效程度也有很大的不同。在以人为主导的社会经济活动中，数学方法只能作为一种辅助性的工具来使用。“人脑的思维方式有两类，一是逻辑思维；二是形象思维和灵感思维。逻辑思维具有严密性的特点，而创造性思维则是自由度大的形象思维和灵感思维的结合与升华。遵循逻辑思维的规则进行定量的信息处理，电子计算机信息处理技术可以比人脑做得更快、更好；但在创造性思维方面，今天的信息处理技术就无能为力了，还得依靠专家的智能。”

（四）关于研究视野要从“二维结构”向“三维结构”扩展

余绪缨教授认为，在农耕社会单式簿记下，视野局限于“一维结构”，即仅关注资产本身的变化。工业社会使用复式簿记，视野开阔至“二维结构”，即不仅关注资产的变化，而且关注资本（产权、债权债务）的变化。到了知识经济时代，视野要向“三维结构”扩展，即不仅要关注资产与资本的变化，而且要关注产生资产与资本的因素尤其是知识要素的变化。他用“一棵枝繁叶茂、繁花似锦的树”作比喻。“一维结构”研究树的本体，“二维结构”研究树的倒影，“三维结构”研究树的根系，认为“树根是埋藏并扩展于地层的深处，为整个树的发育、成长吸收和输送养分”，只有“根深”，才会“花繁”“叶茂”。

三、现代管理会计的新发展

与现代管理会计的新思维相呼应，余绪缨教授提出了现代管理会计将在五个方面有新的发展：一是研究的内容对内深化与对外扩展并举；二是应用指标从滞后性向前导性转变；三是计量方式货币性与非货币性相结合；四是学科的性质更趋于多学科化；五是决策支持模式从科学观向人文观转变。

（一）关于对内深化与对外扩展并举

余绪缨教授以战略管理会计、产品生命周期成本计算、目标成本计算三个例子来说明。首先，战略管理会计的着眼点是为企业战略管理服务，它“既提供顾客和竞争对手具有战略相关性的外向型信息，也对本企业内部信息进行战略审视，帮助企业领导知彼知己，进行高屋建瓴式的战略思考，进而据以进行竞争战略制定和实施”。它与其他方法相互结合，融为一体。其次，产品生命周期成本计算既要计算产品生产者的成本（包括产品研究、开发、设计、制造和营销的成本），也要计算产品使用者的成本（包括产品购买、使用和处置的成本），“实现了成本的企业观向社会观转变”。最后，目标成本计算是根据市场导向来制定产品成本目标的一种系统方法。即根据市场预测和竞争战略确定企业的目标客户及其产品价格，以目标售价为基础扣除目标利润而确定目标成本，目标成本覆盖产品研发、设计、制造、营销全过程，结合标杆瞄准、价值工程以及持续改进成本计算法，最终实现顾客满意与企业盈利相一致的目标。

（二）关于应用指标从滞后性向前导性转变

管理会计是为企业管理当局服务的会计。在两权分离的公司制企业，为了向投资者和社会公众报告企业的经营情况和效益，从企业会计里分离出了财务会计，在全社会统一的会计规制下提供事后算账而得到的财务会计信息。20 世纪 90 年代后的一段时期，由于我国的资本市场建立不久，企业财务会计规制改革和建设是会计界关注的重点。对此，余绪缨教授强调管理会计应区别于财务会计，虽然它也要为内部绩效考核提供事后算账的会计信息，但是其所提供的应用指标应该随着管理的重心所在而转移，转移到为事前事中管理服务上来。因为对组织行为控制的有效性，在事前和事中是远远胜于事后的。他指出为企业战略分析所需要的相关指标、目标销售收入与目标成本指标、标杆瞄准指标、利率、环境成本、税率、汇率、通货膨胀率、风险报酬率等，都属于前导性指标。

（三）关于计量方式货币性与非货币性相结合

财务会计有一个著名的假设是货币计量假设。在此前提下，凡是会计信息都具有货币计量的属性。货币计量有一个根本的特点就是要依附于一定的对象，除了以货币形态存在的现金资产，企业的任何资产都是货币计量的对象，如存货、设备、投资等。但是货币计量的正确与否，在限定的时空范围内，有些是会计很难回答的。与其用存在很大误差的计价结果来表述对象物的价值，还不如直接使用该对象物的专业计量单位。例如，水质的好坏，可以用货币单位来表述，但并不完全准确，并非标价高的水就是水质好的水，因为其价值高低会受到一些非水质因素的影响，如稀缺或需求程度等。而管理会计的管理信息提供者身份，又要求它必须提供高质量的决策有用信息，所以，向管理当局提供与货币计量相关的反映对象物状况的非货币计量的信息，就在所难免。

余绪缨教授特意指出了在顾客导向方面、以人为中心方面和综合方面的相关指标，就是需要管理会计提供的非货币计量指标，如顾客忠诚度、顾客满意度、对顾客需求反应的灵敏度、售后服务质量和效果、产品市场占有率等。

（四）关于学科性质更趋于多学科化

管理会计是为管理服务的会计，必然随着管理内容的丰富而丰富。随着管理学科的多学科化综合发展，管理会计同样趋于多学科化。余绪缨教授将管理会计的相关学科分为上、中、基础三个层次。上层涉及哲学、历史、文学、艺术等，中层涉及经济学、心理学、行为科学、认知科学、财务学、预测与决策学等，基础层涉及数学、信息技术等。

（五）关于决策支持模式从科学观向人文观转变

管理首先是决策，管理会计是融管理与会计为一体的决策支持系统。余绪缨教授认为“科学观决策模式的主要特点是强调决策目标遵循‘最优化准则’，要求从‘客观理性’出发，寻求在一定条件下目标函数的‘最优解’。方法的核心是建立复杂的数学模型，并通过严密的数量分析，求解数学模型，从中引出基本的结论”。人文观决策模式主要表现在决策目标以“满意性准则”取代“最优化准则”，要求决策者从“主观理性”出发，在决策中寻求“满意的解”。因为在社会经济系统中，“决策的层次越高、涉及的面越广、情况越复杂，战略性、非规范性、不确定性越强，决策人员和决策支持人员的远见卓识和非凡的洞察力及由此而形成的高屋建瓴式的综合判断，就越带根本性”。

四、回顾与启示

自财政部推出企业内部控制规范，继而提出《全面推进管理会计体系建设的指导意见》，随后推出管理会计“4+1”建设①，在指引体系建设方面，已先后推出了《管理会计基本指引》和一系列《管理会计应用指引》。工业和信息化部也通过组建管理会计联盟、出版管理会计应用案例集、开展经验交流等活动，推广和促进管理会计在我国企业的广泛应用。

目前，从应用主体看，管理会计从企业进入到了事业单位甚至政府部门；从应用领域看，管理会计从微观进入了宏观；从应用的技术方法看，财务共享中心、业财融合、大数据、智能化及AI技术、移动互联网、物联网、区块链等新技术、新方法层出不穷；从应用的内容看，组织的战略管理、资金运营管理、组织的价值创造、商业模式创新、自然资源管理、环境成本核算、企业综合报告（含ESG）等新内容不断涌现。

后人传承前人。作为一个跟随余绪缨教授足迹从事管理会计教育工作多年的后来者，我对余绪缨教授晚年的学术观点有着深刻体会。进入21世纪，我在事业单位财务与资产管理、高等教育成本核算、事业单位内部控制、会计文化、风险管理会计、质量管理会计、自然资源资产负债核算暨审计方面的研究，虽然不少涉及管理会计的前沿，但均未超出余绪缨教授当初的预测范围。例如，事业单位财务管理的重要抓手是预算，无论是基本预算还

---

① 即理论体系建设、指引体系建设、人才队伍建设、信息系统建设和咨询服务市场建设。

是专项预算，虽然用到了互联网技术和绩效考核方法，却仍然是管理会计的基本思路；高等教育成本核算采用的是作业成本法（ABC）；事业单位内部控制参照的是企业标准；会计文化重点研究“诚信”两个字；风险管理会计为指引提供了现实可行的方法；质量管理会计研究吸收了“三维结构”的思路——质量控制标准从“技术观”向“人文观”转变，质量成本范围做到了“内部深化与外部扩展并举”；自然资源资产负债核算更是跳出了微观范围，将管理会计的逻辑延伸到了自然资源的宏观管理。余绪缨教授的学术观点给我最大的启示就是：哪里有管理，哪里就有管理会计生存与发展的空间。

正如清华大学于增彪教授所言，我们开展余绪缨教授百年诞辰纪念活动，不是为了某种仪式，而是要追思余绪缨教授的学术成果，传承大师的学术思想，促进管理会计理论与实践的发展。余绪缨教授对现代管理会计新思维与新发展的学术观点，好似茫茫大海中的一座灯塔，照亮着现代管理会计航船的前行方向。

（本文原载《会计之友》2023 年第 8 期）

忆余绪缨老师的几个场景

1978级本科生/1985级硕士生/1995级博士生　王　华

作为厦门大学会计学系系友，我一直引以为傲在母校求学十年。感佩能够师从吴水澎教授攻读博士学位，感慨十年中始终沐浴着葛家澍、余绪缨、常勋等会计大家的思想熏陶。回想往事，这些大师的音容笑貌总在脑海闪现，仿佛就在眼前。

余老师是我国管理会计的开拓者和奠基人，改革开放以后一直致力于现代管理会计的基本理论建设，创建了现代管理会计理论和方法体系，开拓了现代管理会计研究的一个新领域——“广义管理会计体系”研究。余老师不仅是我国卓著的会计学家、会计教育家，也是国际著名的会计学家。在母校会计学科建立100周年之际，很荣幸受胡玉明教授和刘运国教授之邀，写一篇小文，回顾余老师过往的几个场景，以纪念这位令人尊敬的大师。

带我们下工厂

我于1978年考入厦门大学会计学专业，全班56名同学（其中10名是稍后扩招的）。我们班同学的结构如下：20世纪40年代后期出生的7位（他们自称“七老头”），20世纪60年代出生的4位，出生于20世纪50年代的占大多数，同学之间年龄最大差异14岁；福建省以外省份来的同学10名，分别来自上海、江苏、浙江、江西和安徽；班上有女生10名，被男同学称为“十朵金花”。拜改革开放之幸，托小平同志之福，我们才有幸走到一起，进入著名的厦门大学读书，能在美丽的校园安安静静地学会计。更幸运的是，教我们学会计的都是全国一流的专家学者，徜徉学海，有名师指点实乃我辈之福。

记得是大二的下学期，我们学习《工业会计》课程的“成本计算”。由于成本计算方法的复杂性，很多同学感觉很难学。当时厦门大学的会计教育真正做到了理论联系实际，课堂教学与实习实践结合。比如，在教学计划里安排了《生产技术》课程，让学会计的学生了解不同企业的生产工艺流程，以更好地理解会计与生产经营的关系。而且在大三结束的那个暑假，由常勋老师带队，领着全班学生到三明钢铁厂和三明化工厂实习了整整一个月。对于成本会计的学习，教学计划里早就安排好了企业参观见习活动。我清晰记得是余老师亲自带着我们全班同学去厦门棉纺织厂参观生产过程，让我们了解从“原棉—纺纱—织布—印染”全过程费用的分步归集、分配和成本结转的要点和方法，帮助我们掌握了成本计算“分步法”的内涵。更令我们感动的是，担任讲解的便是时任该厂财务科长的余师母——郑秀治女士，她也是厦门大学会计学专业的毕业生，本着对企业和财务工作的熟悉，又有深厚理论基础加持，她把成本会计讲得非常生动易懂。余老师则面带微笑站在一旁做辅助讲解，把讲课的主角让给了师母。这种课堂连接工厂的现场教学方式给我留下深刻印象，后来我当老师上课时常常会想起这个场景。当今信息科技发展迅猛，虚拟现实的沉浸感使得会计的场景化教学更为便捷逼真，基于真实岗位情境的虚拟仿真实验室、实训室，提供了全方位的场景应用环境。

但是，会计教育如何传承老一辈会计大家理论联系实际的育人精神，借助现代科技手段，培养知国情、懂管理、多技能、精专业的现代会计人才依然是一个长久的话题。

上《管理会计》课

1981 年大四第一学期，我们班上《管理会计》课，这门课程的主讲教师就是如雷贯耳的余老师。当时能开设《管理会计》课程的大学，除了厦门大学外，我还没听说过其他学校，在我们班上，就有多位来自全国各地的跟班听课的进修老师和委培学生。那个时候，百废待兴，国际上会计理论与实务的发展带来的大量的新思想、新理念、新方法需要从头学起，许多新课程需要学习借鉴国外，甚至是白手起家、新建炉灶。厦门大学的老师们是站在会计发展最前沿，领风气之先的那个团队。当时葛家澍、常勋、吴水澎、黄忠堃、李百龄、黄道标、庄瑞澄、陈守文等一众老师，给我们上课用的几乎全是誊写印刷，甚至是刻钢板油印的自编教材。余老师也是一马当先，在参考研究了许多外国原版教材和大量研究文献后，逐字逐句编写了《管理会计》油印教材。后来，余老师主编的管理会计教材不断推出，每一部都凝结着余老师孜孜研究的新成果。我自忖，当初我们 1978 级会计学专业使用的这本内部油印教材应该就是余老师在 1983 年出版的《管理会计》（该教材被称为“中国管理会计教材的奠基之作”，在 1990 年作了重大修订），以及主编的“九五”国家级重点教材《管理会计学》（该教材除系统论述基础性管理会计外，还着重探讨了反映管理会计最新发展及其 21 世纪发展趋势的许多重要学科前沿课题，被誉为“教材与专著的统一”）等同名教材的“母本”。

余老师上课很有特点：一是注重教仪教态，风度十足。一头银发梳得一丝不苟，服装整洁没有皱褶。据我观察，银发、玳瑁边眼镜、浅蓝色西装是他的“标配”。二是板书很多，字体娟秀。为了让同学更深入理解掌握基本理论，便于记录和课后复习，余老师总是不辞辛苦进行大量板书。略带右斜、有瘦金体骨架而线条润滑细长的“余氏板书”很是养眼。三是条理清晰，深入浅出。余老师讲课都是用通俗的语言表达他深入的研究，他善用实际事例来说明理论问题，举一反三，使我们对概念的理解非常清晰透彻。

参加学术会议

1994 年 12 月，暨南大学召开了中国海峡两岸管理会计研讨会，海峡两岸管理会计学界翘楚聚集广州。中国管理会计奠基者余绪缨老师作为主请嘉宾出席会议，著名会计学家杨时展先生和夫人沈如琛老师也亲临大会，50 多位致力于管理会计教学和研究的中青年学者也跟着两位大师来到暨南园，进行学术交流，共同探讨两岸管理会计发展。台湾地区也来了许多著名专家学者和青年才俊，其中淡江大学蔡信夫教授，东吴大学马君梅教授、马嘉应教授，政治大学吴安妮教授，台湾地区执业会计师、著名会计学者李宏健教授等是杰出代表。余老师在这次会议上作了《简论当代管理会计面临新的重大突破》主题报告，他的高屋建瓴观点和广阔的思维赢得了与会者的高度评价。杨先生也做了精彩的学术报告（很抱歉报告的题目记不起来了），他深厚的学识和慷慨的激情令我至今难忘。

余老师和杨先生是无话不谈的至交，都是学富五车、才情过人、卓然有成的会计学家、思想家和教育家。他们学术观点相近，脾性相投，都是“刚正不阿，留得正气冲霄”的性情中人。他们学问深厚、知识渊博、学贯中西，聊天的话题自然涉猎广泛，古今中外、政经文史，无所不包。余老师和沈老师也很熟悉，会跟杨老师和沈老师开开玩笑，经常见他们谈笑风生，足见他们友谊的深厚。

多说一句，当时我已在暨南大学任教，和张杰明、程仕军、宋献中是同事，我们四人是时任暨南大学会计学系系主任何任远教授同一时期从外省高校引进的青年教师，被戏称为暨南大学会计学系“四大金刚”。张杰明是杨时展先生的大弟子，后来从政，先后做过广州市社会保障局、财政局和审计局的局长。程仕军后来去厦门大学做博士后研究，合作导师就是余老师，现任美国马里兰大学终身教授、上海交通大学高级金融学院院长。宋献中一直在暨南大学工作，从暨南大学会计学系主任、管理学院副院长、发展规划处处长一路进步，直至升任暨南大学校长，最近刚从领导岗位荣退。

师生的快乐闲聊

1995～1998 年期间，我再回厦门大学师从吴水澎老师攻读博士学位，又有了向尊敬的“葛余常”老师当面请教学习的机会。我曾多次分别随胡玉明、毛付根两位学弟去余老师家聊天，胡玉明和毛付根都是余老师中意的高足，也是厦门大学会计学系的老师。他们作为余老师助手，时常去家里帮余老师处理一些重要事务，我就借这样的机会跟着前去蹭“聊”。余老师有个习惯，工作一个上午后，在中饭前会休息一下，等着学生助手给他送报纸信件，他也借这个时间与学生讨论交流一些学术的问题，了解一下系里和学院的最新信息，探知一下校园和社会的新闻，既使得身心得到放松，又掌握了大量的外界信息。余老师的弟子都说有点怕他，可能是余老师对自己的学生要求高、管得严。但余老师对我始终带着客气里透出的热情，我对他也没有陌生感。在我眼里，余老师是个有趣的老人，和蔼可亲，和他聊天感觉轻松愉快，从未心生畏惧。而且去得多了，交流多了，亲切感就越多。其实，余老师谈兴很浓的，会跟我们聊新闻，聊社会，聊生活，聊会计，聊到高兴时他就会用左手掩着嘴巴扬起脖子开心地笑起来——我一直认为这是他高兴时的标志性动作。当聊到会计，余老师话题最多的就是中国传统文化与管理会计发展的关系，谈文化与会计的相互促进作用，谈中外文明的相互借鉴，谈“古为今用，洋为中用”。他说的一句至今让我印象深刻的话就是：会计研究的最高境界必须是上升到文化层面的研究（原话大意）。

关注余老师学术研究成果的同仁会注意到，90 年代中后期，余老师的研究兴趣和主题从传统技术观渐渐转向社会文化观，他把中国传统文化蕴含的管理思想与西方的战略管理会计结合起来研究，关注知识经济的兴起和发展，展望21 世纪会计学科的发展趋势，从更广阔的视野研究知识经济与现代管理会计的关系问题。他撰写了一系列专题论文，如《迈向二十一世纪的中国会计与世界会计的接轨及其文化层面的特色》《柔性管理的发展及其思想文化渊源》，以及《简论工业经济向知识经济转变及其对现代管理会计的冲击》《论知识经济的社会文化观与现代管理会计》等，体现了一位大学者研究问题的前瞻和深远。恰好这一时期我在厦门大学求学，有机会多次聆听余老师对这一系列深邃思想的阐述，让我受教深刻。

余老师是令人景仰的大师，也是有血有肉的人。“前沿求索几度秋，由技入道勇探求，攀登莫负平生愿，巍巍砥柱立中流。”2006 年 12 月6 日，时年 84 岁高龄的余老师在“余绪缨奖学金”颁发大会上勉励学生的这首诗，就是他为人为学为事为师的最好写照。

借庆祝母校会计学科建立 100 周年的隆重时刻，写了以上文字，谨表对余老师这位会计大家的崇高敬意。

回忆我的老师余绪缨教授

1994 年进站博士后研究人员　程仕军

自 1994 年幸运地成为余老师的学生以来，余老师的治学方式一直深深地影响着我。值此厦门大学会计学系成立百年之际，以这篇短文记录一些零散的回忆，作为对余老师的怀念，并谨表对厦大会计学系百年辉煌的祝贺。

大约是在 1992 年，当时我在上海交通大学学习工业管理工程。由于当时在琢磨用运筹学的方法管理资金流转和调度的问题，选修了一门《管理会计》课程，并在课外读了一些财务和会计方面的书籍，其中包括罗伯特·卡普兰（Robert Kaplan）《高级管理会计》的中译本。卡普兰的书读得很顺，感觉其中运筹学各种方法的应用很酷，学到了不少具有会计风味的应用场景，很对胃口。与此同时却也感觉有些美中不足，书里缺乏会计思维和经济直觉的系统介绍。恰好同寝室的好友在财政部财政科学研究所念过硕士，对中国会计界有所了解。我跟他聊起卡普兰的书时，他建议我去读余老师的书，并介绍说中国会计学界当时仅有四位博士生导师，余老师就是其中之一，也是中国的管理会计学权威。我立即去图书馆借阅余老师的书，但已经全部借出了。说起来很巧，其中有一本是被同楼层一位学习系统工程的好友借去了。我去他的寝室，余老师的《管理会计》（1983 年版）就放在几本书的最上面，赭红色的封面至今历历在目。我认真地学习完这本书之后，感觉该书简明扼要，对会计思维和经济直觉的介绍很系统，对我的帮助很大。毫不夸张地说，正是余老师的《管理会计》让我从一个最早只想为运筹学中的一些方法找些会计方面应用场景的人，变成了想系统研究管理会计问题的人。三十年来，无论在海外还是在国内，管理会计始终是我的重要研究方向，而我所开设的课程中也一直包括《管理会计》。

进入师门之前就听说了厦门大学会计学系学派林立，而自己的背景是理工科，之前也没有接受过系统的会计学科教育，心中不免有些忐忑。刚到厦门大学，余老师和沈艺峰、毛付根、胡玉明几位同门师兄弟一起搞了个欢迎晚宴，让我对陌生的环境有了初步了解。之后，这几位师兄弟在生活上给了我很多关心与帮助，在学业上我们也互相交流、共同进步，使得我在较短的时间内适应了新环境。为了让我能够博采众长，余老师还建议我拜访葛家澍教授、常勋教授，多向两位老师请教。同时，余老师还鼓励我发挥自己理工科方面的优势，关注当时国际上流行的先进制造技术背景下产生的管理会计新问题，并帮我逐字逐句修改我的学习心得。这些事不仅让我感受到余老师海纳百川的胸怀，也让我领略到余老师作为一代大师因材施教的风范。正是因为余老师潜移默化的影响，过去三十年中我一直努力注重与不同学派、不同领域的学者交流、取人之长，并在钻研具体专业问题时也尽量注意找出能用到自己专长的独特角度。在美国和国内培养学生，特别是博士生时，我更是努力以余老师为榜样，鼓励学生多向不同的流派和老师学习，发挥学生自己的比较优势。

1994 年，余老师在广州暨南大学参加海峡两岸管理会计研讨会后，前往深圳讲学，好几位师兄弟和我一同随行。余老师在深圳大学的学术报告中论述了管理会计理论与实践面临的新问题、新挑战。值得一提的是，余老师提到皮鞋鞋底的质量要求在不同时代、不同场景有所不同，这个例子与质量成本的概念相关，突出了质量和成本之间的权衡，在现在看来也是一个领先的理念。时至今日，全球范围内的绝大部分管理会计教科书在讲到质量成本时，主要强调质量成本的分类计量，较少讨论质量和成本的优化选择。但是，众所周知，特斯拉前两年因 FSD10. 3 中发现问题后召回的事件就体现了该公司的这种权衡。

1995 年，余老师应邀赴日本讲学途经香港，受香港中文大学会计学院院长邀请访问香港中文大学。当时我在香港中文大学从事合作研究，有幸聆听了余老师关于会计学与财务学科发展的一些点评，深受启发。当时的香港各大学刚兴起美国式的实证研究热潮，一些学者过于关注各种实证和计量工具、技巧，使得一些研究工作虽然技术难度较高，但对理论与概念体系的关注度较低，与经济实务和实践的相关性也较低。余老师的点评，既肯定了美式研究的可取之处，也强调了学术研究应该具备系统性、相关性。现在回想起来，余老师三十年前提出的观点，正是现在全球范围内很多学者所崇尚并努力倡导和推动的。那次余老师在香港停留期间，在维多利亚港附近的一所公寓里还与我单独谈到学习、工作、生活的许多问题，我深切感受到余老师与时俱进、永葆青春的治学理念和人生观。

许多师兄弟在一起时，常常回忆起余老师为人、为学的事迹，备受鼓舞，也因此更加怀念余老师。有一次，沈艺峰陪我去余老师墓前祭拜，礼毕之后，沈艺峰特地让我单独再向余老师汇报一会儿，寄托对老师的思念。现在，在天堂里的余老师和沈艺峰师徒俩，也许还在讨论学术问题呢。当我看到许多师兄弟甚至他们的学生们在各自的领域中默默地耕耘、奉献，我感到余老师的影响不但通过他的学术著作而持续，也因为师兄弟、姐妹的传承而生生不息。我目前指导的一位博士生，按两种不同标准都是严格意义上的余门徒孙。“余老师学生”的金字招牌既让我们为之骄傲，也因此深感责任重大，不敢懈怠。

我为余老师办理几件杂事的回忆

1984 级博士生　孙宝厚

余老师学生众多，当年还有助教，一般杂事他都不会让我去办。可能是因为少的缘故，我为余老师办的几件杂事，至今仍记忆犹新。

到广州领取赴美国签证手续

大约 1985 年 4 月（准确时间没记住），我去广州为余老师领取赴美签证手续。签证申请需要填写什么表格、怎么填和由谁送到美国驻广州总领事馆等，未着手经办，我均不知道。提交申请后，需要隔一定时间，才能再次到总领事馆领取办理好的签证。我去广州的任务不复杂，就是领出签证并带回厦门。这么简单的事，办起来还挺费周折。

本来没我什么事，同门大师兄（其实他出生比我晚）知道我土得很，连飞机都没坐过，于是他事先做了校财务负责人的工作，称任务紧急，特批我乘飞机往返广州——借机开“洋荤”。按照那时有关规定，坐飞机购票，需要县团级以上单位开具证明。这倒不难，在厦门大学会计学系办公室开出购票证明，同时还带上了到广州住宾馆的介绍信（这也是按规定所必需的）。

头次乘飞机，感觉就是不错。比坐火车、汽车快捷舒服多了！

到广州入住一家国有公司招待所。厦门大学会计学系办公室开证明、盖章的那位老师，是我入住招待所负责人的表妹。有熟人就是好办事，吃住都很优待。

住地离美国驻广州总领事馆不远，走着去也就十多分钟。次日上午走着去领签证，告知未办好，下午再去。时值广州雨季，时大时小，总是没完没了地下。这倒没什么，外出打雨伞就是了。连续近一周，上下午均无功而返，越往后越着急。直到余老师必须离开厦门去北京的倒数第二天下午，才拿到了办好的签证。这时，当天广州已没有飞厦门的航班。考虑到连降大雨，第二天航班也不一定有谱，决定当晚乘长途汽车赶回厦门。但到长途汽车站才知道，因洪水泛滥，不仅夜间，白天的长途汽车也已经停运。无奈，跑到长途电话局与大师兄联系，再通过他向余老师报告情况请求指示。当时只有到长途电话局营业厅才可以打长途电话。在广州期间这不是第一次，也不是最后一次（为节省篇幅，有关打长途电话的事，以下从略）。

电话沟通后，决定次日乘飞机由广州回厦门。这样也不耽误余老师按原计划离开厦门飞北京。第二天一早，到达广州机场后被告知：果然还是天气原因，当天广州飞厦门航班被取消。看到这一消息，完全懵了！

事已到此，只好返回招待所（本已办理离店手续），再次找到负责人，办了两件事：一是帮助开具由广州到北京购买机票的证明。二是借钱。那时出门是计算着带现金，因大大超过预计时间，已经给招待所打了欠条，现改买北京机票更是没钱。

好在那时机场离广州市区比较近（飞机起降总是路过所住招待所上空，有时半夜都会被巨大噪音吵醒）。带着证明和借来的钱，再次匆匆赶往机场。此时，天气更加恶劣，大雨继续下个不停。很多航班延误或取消，机场秩序已经大乱，到处是焦急拥挤的人群，到处是无人看管、被踩踏堆放的行李。包括在多年以后，无论国内还是国外，甚至后来春节前后所谓“民工潮”时的火车站、长途汽车站，从未见过如此混乱不堪的局面。好在我几乎没什么随身行李，穿来挤去比较容易。我无数次找到相关工作人员和领导同志，出示手中签证手续，请求能够卖票给我并优先安排搭乘飞往北京的航班。可能考虑到实属紧急、事关国际交往，也可能看我十分值得可怜，不仅卖机票优先，还优先为我办了登机卡。据说，这是一架经广州中转的国际航班，机上有国际要客，只有几个空位置，竟然给我安排上了。作为当天广州飞往北京的第一个航班（可能也是当天最后一个航班），起飞时已近 24 时。终于！终于可以飞往北京，不会把事情耽误在我手上了！坐进机舱才发现，嗓子犹如冒火一般，近乎失去说话功能。这时也才想起，整整一天，点水未进，更没顾上吃任何东西。

到了北京，已是凌晨三、四点钟。机场到城内大巴已经没有了，更不敢叫出租车。好在一出机场，有民办小旅馆工作人员招揽生意，说就在附近天竺镇，入住也不需要介绍信。不知究竟在哪里，稀里糊涂跟着去睡了几个小时。

过去只来过一次北京，人生地不熟，担心预定会面地点不好找。一觉醒来，朦胧中赶紧穿衣起床。感觉鞋总是穿不上，两只都是如此。仔细看才发现，两只鞋都已成麻花状。这是我当年最贵、最高级的一双鞋，连底带帮都是皮的。在广州几天一直当雨鞋，进屋后把里边的水倒一下，不影响接着穿。北京干燥，几小时过后，已经完全变形了。怎么办，办法还是有的。到水龙头跟前重新用水泡过，顾不了湿和冷，总比没鞋穿要好。

从民办旅馆出来，乘公共汽车，经东直门中转，虽然不快，还是顺利到达指定地点——在北京工作的一位校友那里。这位校友办公室与宿舍在一个大院。在单位食堂吃过午饭，我到他宿舍美美地睡了一下午，那叫一个舒服！晚上赶到余老师在京已下榻的宾馆，把赴美签证手续送到了余老师手里，总算圆满完成了任务。余老师很是关心地连声对我说辛苦了，并使劲夸奖了我一通。

其实，再说回当初，原本没我什么事，就是大师兄为我开“洋荤”创造的机会。过程中好多问题解决，包括在北京找校友安排接待等，都是他遥控指挥、费心联系安排的。他陪余老师由厦门到北京。在北京机场送走余老师，我们两个同日稍晚，便再次乘机返回厦门。对我来说，不坐则已，一坐就坐了 3 次飞机，“洋荤”开得很大、很彻底。开“洋荤”的喜悦之情，写信与我哥分享。我哥又转告我妈。再后来才知道，从未坐过飞机的我妈，很为我担心了一阵：什么事那么重大、着急，光飞机就连坐 3 次？由此也得到一则感悟：所报是喜还是忧？要看由谁报和报给谁。儿行千里母担忧，此话千真万确。

在北京火车站接余老师

1988 年，我参加工作不久。大约初夏季节，余老师乘火车到北京开会。与同门一位学弟及在京几位校友商量好，接待方案是：由我到火车站接余老师到我家吃早饭；其他几位上午到，陪余老师聊天，然后与余老师一起在我家吃午饭；下午送余老师到开会宾馆报到。

问题出在第一个环节上。我当时住地离北京站很近，正常走路 10 来分钟即可到达。选择余老师先到我家，首先出于近便考虑。余老师所乘火车到达北京站的时间是凌晨 4 点多。为保证不耽误事，头天晚上我把闹钟上好就早早睡了。由于心里惦记，半夜醒来看了两次表，时间都还早，接着继续睡。等再次醒来，天已大亮，闹钟还是没响。仔细一看，闹钟停了。不迟不早，偏偏这个时候没电了！此时已 5 点多钟。我抄小道飞快跑到火车站，买了站台票再跑进站台，发现整个站台，只有余老师一个人坐在行李上。跑到余老师面前，赶紧向余老师道歉。怎么这么不靠谱！我那个惭愧，简直无地自容！余老师却平静地说，你不会不来接我，估计你是起晚了，再说我哪里也找不到，不原地等你又有什么办法呢？我扛起行李（那时的行李箱都没有如今带轮的），跟着余老师，坐一站公共汽车，到了我家。

当时我临时借住亲戚的房子。房子一室、一厨、一卫，没有客厅。与另外一家合住，厨房、卫生间共用，我住其中较大的一间。房间内除了放床、衣柜，还能放得下饭桌和几把折叠椅，沙发是没有的。我当时刚结婚不久，能借到这样的房子，条件算是很不错了。余老师下车先到这里，也是想实地看看我的居家状况。

到了之后，一切按计划进行。尤其午饭，有同门学弟掌厨，大家都很开心。回想起来，饭菜档次确实很低。如此招待自己的老师和同学，问心有愧！如果找借口，当时经济拮据也是实情，不过尽心而已。

从飞机场接余老师到招待所

有一年冬天，余老师到北京，由我去机场接。我坐机场大巴到机场。接到余老师，叫了出租车前往民盟中央招待所。

招待所在北京东城区东厂胡同。接近目的地时天已黑，绕来绕去，司机就是找不到。余老师多次在此住过，但不到了地方，他也描述不出周边可供参照建筑物等情况。当时不像现在，没有卫星定位、手机导航之类技术手段。好在余老师并不着急，更不抱怨，还不停地跟司机说，你是北京人，明朝那么有名的地方，怎么能不知道呢？后来才了解到，东厂是明朝赫赫有名的特务机关。当年多少人闻之色变，后来所在街道以此命名。问题在于，完全仰仗余老师，未能尽到向导之责。余老师没有怪我，但我在想，凡事要周全，以后还是应当提前做好功课才是。毕竟招待所就在那里，虽费点工夫，没多久也就找到了。

这次接余老师的事，本可就此打住。但至今情形还记得，顺便套着再讲个故事。大学时高余老师一级的一位学长，在另一大学任教，那天已先入住该招待所。二位老师在我陪同下用过晚餐，回到余老师位于楼内一层的房间准备聊会儿。三人还未坐定，房内下水道爬出一只硕鼠。不知这种场面见多了胆子很大，还是身体或精神有点毛病，硕鼠旁若无人、大摇大摆，不慌不忙直奔那位老师而去。开始他并未发现，听到余老师和我齐声惊呼，那位老师十分敏捷、干净利落，一抬腿便用力将硕鼠踩死在脚下。这是何等神勇！换了我（或者多数人），本能反应可能是惊叫着跑开。但收拾血肉模糊死鼠的胆量还是有的，我负责把现场打扫干净，并叫来招待所相关人员，共同把露出下水道的地面用木板盖严实。由此不难想见，余老师所住招待所，那时的设施及卫生条件，还是相当差的。

借衣服、手提包给余老师出国之用

有一年（忘了具体哪年）大约夏天，余老师要去美国讲学。途经北京头天晚上，余老师几位学生前去住地看望。餐桌上谈起，厦门到北京飞机上的空调太冷，余老师身体有点不舒服。北京到美国飞行时间更长，为防再次着凉，大家建议余老师在机上要穿厚点。担心仅有的一套西装被弄皱弄脏，且机上坐卧穿着不够舒适，如果带件毛背心最好不过，到美国若遇冷还可套在里边。余老师没我高但当时比较胖，大家觉得我的毛背心尺码应该适合余老师穿。于是说定，第二天下班后，我把毛背心给余老师送到住地。

除了大件行李必须托运，余老师手头只提一个小包。包中已有一些零星用品，毛背心装不进去。我手中的提包大小适中，一并交余老师途中使用。

访美归来，余老师将毛背心和手提包一并还我，还很高兴地说，这两件东西都挺有用。特别是包，在美国提资料还派上了用场。总算没有增加老师负担，我也很高兴。我的包原本是上班每天用的。后来不仅每天上班继续使用，因在班车上往返总是架在腿上当牌桌，我还多次很自豪地告诉牌友，这包见过大世面，也是留洋回来的！

多年之后，特别是余老师永远离开我们之后，我还时常在想：

当年怎么是借毛背心和提包供余老师使用，特别是毛背心，第二天完全来得及，为什么不能帮余老师买件新的呢？悔不当初呀！

不仅在校期间，直至毕业多年之后，余老师从不图回报，无私地教书育人，一直在教我、帮助我，而我却无以回报，现在更无法回报。真是应了那句老话：树欲静而风不止，子欲养而亲不待。只怪自己醒悟太迟！

谨记以上所办杂事，略表对恩师怀念之情。有助读者一笑或了解当时背景情况，也算附带发挥了点作用。

此外，为庆祝厦门大学会计学系系庆 100 周年，我另有一篇长文——《我与厦大会计四十年》，已被收在系庆相关文集里。文中不少内容，是有关余老师如何教育、关心和帮助我们的回忆。有兴趣者，敬请参阅。

师道永存　师恩永在

1977 级本科生/1981 级硕士生/1984 级博士生　陈国钢

我从 1977 年进入厦门大学，到 1988 年离开厦门大学，整整十余年追随余老师学习现代管理会计。余老师著述等身，学术造诣深厚。这是学术界的普遍共识。大多著名学者的学问背后都充满情怀，余老师亦是如此。相比较而言，及门弟子有更多机会接触余老师，从而能够“身临其境”地体会到余老师学问背后的情怀。作为余老师的博士开门弟子，我希望通过这篇短文，缅怀余老师的情怀，展现其独特的师道师恩。

图 1　我与恩师余老师

立德正己，诠释立身与为学之道

余老师一生立德正己，严以律己，诚以待人，坚持“三不”

(不投机取巧、不趋炎附势、不随波逐流)。余老师非常强调"立身之道",认为做人是立身之本,一个人在社会上安身立命首先必须摆正德与才的关系。青年学子要成才,不仅要有学问,要在自己所学的专业领域有较深的造诣,首先还必须有较高的道德水平。一个真正的知识分子,要有胆识,能充当社会的良心、国家的良知;要有修养,坚持私德与公德的统一;要重诚信、重荣辱、重气节,具有"天下兴亡、匹夫有责"的博大情怀。余老师这些肺腑之言对他的学生产生了极大的影响。余老师每次见到我,除了仔细询问我的工作和生活外,总不忘叮嘱我要好好工作,堂堂正正做人,公公正正做事。

余老师也非常强调"为学之道",认为学风是一个学者学术生命的重要组成部分。一个有成就的学者必然有其独特的学风。青年学子要学有所成,必须从培养良好的学风开始。"无为而学"是治学的最高境界。学者治学,必须摆脱短浅的功利性的追求,摆脱名缰利锁的束缚,在保持一种淡泊自守、心平气和的精神状态下从事学术研究,才能破除浮躁(心浮气躁)、浮泛(浮光掠影)甚至投机取巧的学风。为了使更多青年学子领略其独特的"立身与为学之道",余老师还专门整理了一篇题为《立身与为学之道:谈青年学子的成才之路》的文章。

言传身教,谆谆教诲

余老师教书育人的特点是坚持"言传身教,身教重于言教",特别注重对学生道德品质和刻苦、扎实、严谨学风的培养。在为人、治学、处世等方面都首先严以律己，在对己严的基础上，对学生提出“三严”要求：政治思想上从严、学风上严管、对好的苗子各方面从严要求。余老师要求博士生既要能横向比较，能与国外同层次的学位并驾齐驱，又要能运用所学到的前沿理论与方法分析、研究、解决我国现代化建设中的现实问题。

余老师总是借用历史学家范文澜的“板凳宁坐十年冷，文章不写半句空”教导其博士生，写文章要从实际出发，实事求是，独立思考，不能人云亦云，宁可坐十年冷板凳，也不能写半句没有依据的空话。斯人已逝，风范犹存。时至今日，不论是学术界同行，还是后辈研究生，一提起余老师的名字，都对余老师在浮躁的社会环境下，甘坐冷板凳、一心做学问的治学精神大加赞赏。

在我的印象中，余老师大部分时间都在分秒必争，孜孜不倦地伏案工作，或阅读国内外经典文献、最新研究成果，或是奋笔疾书、著书立说，或详加审阅学生论文，总之是眼手脑一刻不停。余老师常说：“古人云，一寸光阴一寸金，寸金难买寸光阴。我年纪已经大了，更得加倍抓紧时间才行啊。人说学海无涯苦作舟，读书学习既是工作也是生活，我不觉得苦，反是乐在其中啊，真要我停下来，我倒真会不习惯。”

甘为人梯，尊重学生的选择

余老师在提携后学方面堪称楷模。余老师作为学术带头人，总是甘当“人梯”，善于为青年教师和研究生“开路”，不计名利得失。余老师在其承担的各类科研项目和主编的各种教材和著作中，都有意识地吸收年轻教师和研究生参加，使他们从中得到锻炼和提高，加速了他们在学术上的成长。

不熟悉余老师的人，都会觉得余老师“很严肃”或“很刻板”。其实，余老师的内心充满温情。余老师的博士生完成学业之后，余老师总是尊重学生的选择并尽力提供帮助。

当下，许多博士生都称自己的导师为“老板”。我追随余老师十余年，我可以非常明确地说，余老师绝对不是什么“老板”。他对学生没有任何索取，只有关心和指导。我记得在我博士论文选题时，代理理论刚刚引入中国且方兴未艾。中国的国有企业管理体制改革也刚刚起步。余老师敏锐地捕捉到代理理论可以用来解释、解决国有企业的核心问题，提醒我关注代理理论，并毫无保留地将自己手上的相关文献提供给我。根据余老师的指点，经过阅读相关文献和认真思考，我以《论代理人说与中国国有企业管理体制的改革》为题完成博士学位论文。后来，该博士学位论文的核心部分以我个人的名义（没有署余老师的名字）发表于《中国经济问题》（1989 年第 1 期）。1988 年博士毕业之后，我到国有企业工作，切身体会到代理理论的价值，对我的工作很有助益，帮我解决了工作中的许多实践问题。

设立奖学金，扶植年轻学子

余老师常说，人的生老病死是自然规律，希望长江后浪超前浪、科研事业后继有人，希望学术生命超出自然生命。每逢余老师的生日，弟子们都会想方设法准备一些贺礼，但余老师从来不收。2001 年，余老师八十岁大寿，弟子们决定无论如何要送出一份礼物，便拐弯抹角地打探余老师最想要什么。余老师的回答是：

“对我来说，学术生命比生理生命更重要。”最后，弟子们想出了一份最合适的礼物：筹集资金设立“余绪缨奖学金”，用于奖励品学兼优的厦门大学学子。弟子们纷纷响应，“余绪缨奖学金”的启动基金很快到位，并从 2003 年开始颁发。余老师在世的时候，每年都要亲自给获奖学生颁奖，并做诗勉励获奖学生。

时光飞逝，余老师已经离世十年有余。寥寥数语，难以表达我对余老师的思念和崇敬之意，只有努力推动中国管理会计的发展才是对他最好的纪念。

（本文原载《财务与会计》2018 年第 12 期）

忆余老师对我博士论文指导的往事

1989级博士生　熊楚熊

转眼间，我亲爱的导师余老师已经离开我们十多年了。但只要一提到余老师，他的音容笑貌就会清楚地浮现在我的眼前。本文通过追忆余老师对我博士论文选题和写作过程的指导，以纪念恩师。

我的博士论文《增值会计研究》的选题和内容确定都深受余老师"广义管理会计体系"研究的影响。1989年我一入学就跟着余老师进行"广义管理会计学"研究。与余老师一起发表了《建设项目国民经济评价的几个理论问题》，独自发表了《试论国际管理会计中资金跨国流动问题》《初探适应自我控制的会计控制理论和方法》《再探适应自我控制的会计控制理论和方法》等论文，在参与余老师广义管理会计研究的工作中，获益良多。

在20世纪80年代末至20世纪90年代初，有关计划经济与商品经济（1992年邓小平南方谈话之后逐渐改为了市场经济）的问题是整个国家的热点问题。我国会计界为了适应国家市场经济改革的需要，也将会计改革的重点放在如何破除计划经济的会计模式。计划经济会计模式是为国家调拨管理资金的目的而设计的，该会计模式最主要的特征是三段式的资金平衡表。在资金平衡表中没有资本的概念。会计不提供相关的资本信息，不能为资本市场服务。在这种背景下，如何建立科学合理的财务会计准则体系为资本市场服务自然而然成为会计研究的重点。但这是财务会计的研究内容。刚引入我国的管理会计研究有被边缘化的趋势。在这种情况下，作为我国管理会计奠基人的余老师仍专注于对管理会计的研究。他认为提高企业的经济效益是会计工作的重点，在这方面管理会计大有可为。

在余老师的影响下，我也一直关注会计怎么才能更好地为提高企业经济效益服务。在进行大量文献阅读和研究之后，结合自己的工作经历，我渐渐认识到，从历史上看，会计的核算范围和重心是在不断变化的，会计重心从利润指标移向增加值指标可以考虑到更多利益主体的利益，形成更大的聚合力，有利于企业控制从权威控制转变为自我控制，从而更有利于提高企业经济效益。我将这一研究想法告诉余老师，得到他的赞赏。于是，我将增值会计研究作为我的博士论文选题。在论文写作过程中，我与余老师进行了无数次深入的讨论，余老师都以极其开明的态度看待我提出的一些与传统会计理论差异极大的问题，例如，当时的会计是以利润为重心的会计；利润会计只是会计发展历史中的一个阶段；利润会计存在着很多缺陷，不适应社会经济的进一步发展，需要进行改造，建立以增加值为重心的增值会计体系；增值会计将会使财务会计和管理会计重新融合，也使会计可以为宏观的国民经济管理服务。

我也将博士论文的思路与葛家澍老师进行过讨论，得到了他的肯定。但葛老师指出，当时会计改革的重点是将现行的为计划经济服务的会计转变为为投资人服务的会计，当务之急是在中国建立以利润为重心的财务会计准则体系，而增值会计取代利润会计一定是很遥远的事情，希望我认真考虑。我完全同意葛老师的意见，了解葛老师是从爱护学生的立场出发，怕学生走弯路。我也清楚，增值会计取代利润会计谈何容易，况且我所思考的增值会计是财务会计与管理会计相融合、微观会计与宏观会计相统一的会计，要实现它还有很长的路要走。

我又将葛老师的意见和我自己的想法与余老师进行了交流。余老师认为，做研究的不一定就得搞热点的问题，而是要做有生命力的研究，做前沿的研究。而会计如何帮助企业提高经济效益是一个永恒的课题，只要对提高经济效益有帮助的研究都值得努力去做。正是在余老师的支持下，我选定了增值会计研究作为博士论文的选题。在论文写作过程中，余老师对我进行了深入的指导，使我顺利地完成了博士论文。

令我非常感动的是我的博士论文完成之后，得到会计界同行的广泛肯定，除余老师给论文高度的评价之外，葛老师也给予论文极高的评价。

我国财务会计经过近三十多年的研究和发展，已经出台了众多的财务会计准则，与国际会计准则持续趋同。然而，这些以资本市场为导向的财务会计准则，并不能解决我国企业管理中存在的若干急需解决的问题，经济效益低下、资源浪费、环境污染严重等问题在我国企业中依然十分突出。这种现象引起了社会的广泛关注。当前，会计界在财政部的呼吁之下，开始高度重视管理会计，形成了一波管理会计研究热。从这个过程中，我可以更深刻地体会到余老师治学的严谨性和前瞻性。

忆恩师治学二三事

1985级硕士生/1991级博士生　毛付根

自2007年9月23日余老师离我们而去已有17个年头，但我跟随余老师学习做人做事的点点滴滴时常浮现在脑海，历历在目，恍如昨日。老师那亲切的教诲如繁星照亮我前行的道路，让我心怀感激，怀念那温馨的日子。老师严谨的治学态度、刚正不阿的为人风格，始终影响着我的人生。借此机会，略叙几件老师的治学小事，以资纪念。

读书笔记

每年年底，余老师会让我帮忙订购第二年期刊，印象中大概要花费老师2个月的工资订阅几十种期刊。我一直好奇，那么多期刊看完后怎么处理？1991年由葛家澍、余绪缨两位老师主编的高等学校财经类专业核心课程《会计学》教学大纲审定会在南昌江西财经学院（现为江西财经大学）举办，会议主办方将我安排在老师一个房间，这是作为学生第一次长时间近距离接触余老师的机会。一直听学校的老一辈说起老师一辈子做学问，兢兢业业，起早摸黑，惜时如金。这次出差算是亲身体会了一把。会议期间，余老师白天开会，晚上看文献做学问一般要到12点左右，放下文献刚跟我聊几句就鼾声随起，我只能痛苦地想办法睡觉。那时候我经常失眠，好不容易入睡没多久，早上 5 点左右余老师就带着习惯性的咳嗽声又开始做学问了。这才体会到跟余老师出差不是一件容易的事，尤其是跟他住一间。我比较好奇，余老师究竟带了些什么资料？观察后发现，余老师将所订期刊根据研究需要，将相关论文从期刊上裁剪下来随身带着。阅读研究这些论文后又加以分类，据我观察及经常帮余老师誊写论文的经验发现，大体归为三类：简单使用类、直接引用类和综合归纳类。如果论文参考价值一般，会在 64 开小纸条上简单归纳一两句话（类似中学语文课中的段落大意），并附上原文。如果该论文很重要，以后需要直接引用的，会在论文上方注明论文出处，以供后续使用。如果该论文有参考价值，但尚不需直接引用，余老师会根据自己的理解和思考，归纳总结为自己的思想并加以整理成文（有点像中学语文课中的主题思想），写在一张 64 开大小的白纸上，附上原文待用。这时我才发现，原来余老师研读文献的时候已经将原文吃透消化，并整理成文，待写书和写论文的时候，随时将这些整理好的一张张 64 开读书笔记直接贴上使用，效率非常高。我在帮余老师誊写论文或书稿过程中，经常发现余老师的论文或书稿中会时不时贴上一张张 64 开已经整理成文的小纸条，原来功夫在平时。

署名

20 世纪 90 年代初，厦门大学经济学院组织编写我国第一套工商管理（MBA）系列教材，该套丛书的作者主要有厦门大学吴世农、黄世忠等从加拿大获得 MBA 的海归青年教师构成，我这样的“土鳖”参与编写只是少数。出于某种考虑，丛书编委会希望我的《管理会计》（江西人民出版社）最好让余老师校审。我认为不就让余老师署个名罢了，凭着我跟随他那么多年的感情，应该小事一桩。这是我第一次独立编写教材，当然也是我的处女作，应该说我还是很认真地编写此教材。当书稿出来准备交稿的时候，我专门跑到余老师家，将编委会希望请他为我的书署“校审”的意愿征求老师意见。余老师听闻以后一脸惊讶，跟我说：“学问是自己做的，我从来不在别人的成果上署名。”我跟他说：“这书是我编著的，作者署我自己的名字，文责自负。只是想让你帮忙校审，为书提供信用担保。”他听完后考虑了几分钟，勉强地跟我说：“那你把书稿拿来让我先过目，如果书的质量达到我认可的水准，我才允许署名。”其实我很清楚，这是一个让老师十分为难的唐突要求。大概一周过后，老师对我说，他已经看过我的书，质量还行，同意署名。

20 世纪 90 年代初，辽宁人民出版社出版了一套《西方会计丛书》，请余老师担任丛书主编。按照通俗意义上理解，丛书主编也就是利用名人的社会声誉挂个名，便于图书的销售，取得较好的社会效益和经济效益。该套丛书分 2 辑，共有 12 本构成。那段时间，我看到余老师天天忙于该丛书的修改工作，花了非常多的精力加以修改，甚至增补。事后，该丛书责任编辑对我说：“我当了一辈子责任编辑，从来没见过这么负责的丛书主编。一般丛书主编也就挂名，就没有见过像余老师这样的主编，那么认真地对丛书的每一册进行详细修改和增补，个别书增补幅度相当大，完全可以把自己的名字加上。但余老师认为，不能侵占别人的劳动成果，所以不同意署名。”他认为既然当丛书主编，就要对从书负责，对读者负责，更要对自己的名誉负责。

1990 年 5 月的某一天，《中国经济问题》主编胡培兆教授请我到他办公室，很神秘地让我看余老师的一篇论文，让我大吃一惊的是余老师竟然在论文上加了我的名字。胡培兆教授对我说："据我了解，余老师一辈子都是独立署名，从来不跟人家合作论文，为什么这篇文章有你的名字？是你自己加上去的吗？"我对胡培兆教授说："这是余老师独立撰写的论文，让我帮他誊写，我的名字是他给加上去的，也没有跟我说过。这论文跟我没有任何关系，没有做任何工作，只是帮老师誊写罢了，没有任何理由署名。当然，也不想因为这个让外界的人误解余老师，你最好跟余老师核实。估计余老师看我誊写辛苦，更有可能对我恨铁不成钢，对我的厚爱、提携和鼓励。"听我解释后，胡培兆教授终于明白了事情的前因后果，也为余老师的一片苦心大为感动，说要去跟余老师商量。但《中国经济问题》1990 年第 6 期还是刊出了署名余绪缨和毛付根的《试论现代管理会计的特性——兼评会计管理活动论》一文，余老师还是让我挂名了。

后来我为此专门进行调查和了解，余老师的论文赠送给学生署名的，大概有四五篇。在我前面有一两个师兄，后面有一个师弟，跟我一样享受过余老师的论文让我们挂名的特殊待遇。余老师始终认为学问是自己做的，不能在学生论文上署名。学生的论文如果质量高，余老师可以帮忙推荐给刊物，但他绝对不在学生的论文上署名。当然，他的论文可以让学生挂名。

冻冰理论

1985 年，我从厦门大学会计学系本科毕业，考上管理会计方向硕士研究生，很荣幸地成为余老师的弟子。自 1988 年我研究生毕业留校任教以来，一直跟随余老师，学习做人做事。期间，当过余老师的助手，尽管跟余老师接触较多，但余老师惜时如金，作为学生，其实没有太多的机会深入了解余老师。余老师家客厅沙发对面的墙上有一挂钟，跟老师聊天一般不会超过 15 分钟。老师有个习惯性动作，聊天超过 15 分钟，他就会抬头看钟，此时你也知道该起身了。1991 年，前面提到的在南昌召开高等学校财经类专业核心课程《会计学》教学大纲审定会期间，我才有机会跟余老师长时间近距离接触。在会议期间的一次闲聊中，余老师聊到了他跟中南财经大学（现为中南财经政法大学）杨时展教授的私人情谊。20 世纪 80 年代初，一次中国会计学会年会，会议组织方将余老师与杨教授安排在同一间住宿，晚上聊天发现双方都喜欢古诗词，兴致上来，相互斗诗，由此结下深厚友谊，成为挚友。余老师上课经常用古诗词来解释管理会计，我问他："你为什么不会忘记那么多的古诗词?"余老师说他是 3～9 岁的时候背的。我说那么小背这些古诗词，能懂吗？他说不懂没关系，背得越多，积累得越多，就像水缸里面的冰，越冻越厚。等到你年龄的增长，社会阅历的增多，原来不懂的诗，慢慢也就懂了。这就像冰慢慢融化，你肚子里的货也就越来越多。知识是靠积累的，温故而知新。余老师经常用陶行知先生的"给学生一碗水，教师要有一潭水"这句话教导我，教师只有自己拥有足够多的知识，才能教给学生更多知识。因此，教师不断学习和提升自己的知识水平和教学能力，才能更好地承担起教育学生的责任。从教以来，老师的谆谆教诲始终牢记在心，一刻也不敢疏忽，尽力当一位合格的人民教师。

一朝沐杏雨，一生念师恩

1992 级博士生　胡玉明

1982 年 9 月，我到厦门大学财政金融系读书，学的是金融学专业。我在大学本科三年级的下学期就听过余老师的学术报告，自然“见过”余老师但不了解余老师。1986 年 9 月，我到厦门大学会计学系攻读会计学硕士学位。1986 年 9 月入学分配导师时，余老师恰好赴美学术交流，不指导硕士研究生。因此，我的硕士导师是蔡淑娥教授。我是蔡淑娥教授指导的第一个硕士研究生。

在硕士阶段，余老师给我们 1986 级会计学专业硕士班讲授“高级管理会计”，但因与教育部师资培训班合上该课程，我与余老师没有面对面交流过。1989 年 7 月，硕士研究生毕业之后，我回到厦门大学财政金融系任教。到了 1991 年底，在师兄毛付根的引领下，我第一次登门拜访余老师（当时，余老师住在厦门大学敬贤二 302）。我作了一番自我介绍并表示希望跟随余老师攻读“现代管理会计”方向的博士学位。余老师微笑地说，他对我的名字有印象，但对我这个人没有印象。蔡淑娥教授曾经把我的硕士学位论文写作大纲提交余老师审阅，因此，余老师对我的名字有印象。这是我与余老师的第一次面对面交流。

1992 年 9 月，我成为余老师指导的博士研究生。1992 年 9 月至 2000 年 8 月，我与余老师有较多的接触与交流。从受时任厦门大学会计学系主任王光远教授和《财会月刊》总编辑刘兴榜先生的委托撰写《发白未懈青云志：记中国管理会计的开拓者和奠基人余绪缨教授》，到受时任厦门大学管理学院副院长沈艺峰教授的委托撰写余老师追悼会的悼词初稿，这期间我写了许多余老师的学术生平介绍、学术思想述评、余老师论著书评和纪念余老师的文章。这些文章或多或少都与学术“沾亲带故”，且不是以学生的身份撰写（许多文章还署名“古月”或“胡言”）。有鉴于此，值此厦门大学会计学科百年庆典之际，思来想去，我觉得还是应该以学生的身份写点别的文字怀念余老师。

余门私塾式课堂

我跟随余老师攻读博士学位时，厦门大学许多老先生都是在自己家里的客厅给自己指导的博士生上专业课（当年，政治课和外语课等公共课则按文理科分班，全校统一上课，文科博士生一个班，理科博士生一个班）。余老师也不例外。

我记得余老师在家里的客厅给博士研究生上课，每两周一次，每次上课要求其指导的所有在学博士研究生和已经获得博士学位但在厦门大学工作的“老博士”都必须来上课并参加讨论。当时，恰逢余老师主持国家自然科学基金项目“以高科技为基础、同作业管理紧密结合的新会计体系研究”。遥想当年，余老师以该自然科学基金项目为基础，阐述该项目的学术思想、国内外研究动态、研究设计与研究主题，然后由各位博士生根据自己的兴趣选择相应的研究主题，认真阅读余老师分发的国外文献。余老师就讲了第一次课，以后由每个博士生讲自己事先“认领”的研究主题的研究思路和论文写作大纲，各位博士生讨论并提出修改或完善意见。每次课都以余老师的精彩总结、点评而告终。课程考试采用课程论文的形式。余老师要求课程论文必须达到公开发表的水平（当时，也没有所谓的期刊等级分类问题）。

余老师讲课或演讲都拿着事先精心准备的手稿（余老师毕生都以其独特的字体手工书写论文和著作），基本上都是低头念手稿，只是偶尔抬起头看学生或听众。过后，余老师将讲课手稿整理出来，就成为一篇高质量的学术论文。记得当时余老师上课的手稿经过整理以《以 ABM 为核心的新管理体系的基本框架》为题发表于《当代财经》1994 年第 4 期。各位博士生也在《当代财经》发表相应的研究成果。骆德明还直接以“认领”的研究主题作为博士学位论文的选题，撰写了题为《以“作业管理”为基础的新管理体系研究》的学位论文提交答辩并获得博士学位。我则根据自己“认领”的研究主题写出了《作业管理的基本特点及其在管理上的重大开拓性》初稿，经余老师修改、推荐，也发表在《当代财经》1994 年第 8 期并全文为中国人民大学书报资料中心复印报刊资料《工业企业管理》1994 年第 11 期转载。由此，我备受鼓舞。

1994 年 12 月 24 ~ 26 日，余老师带领其指导的“博士军团”到暨南大学参加中国海峡两岸管理会计研讨会并在大会上做了题为《简论当代管理会计面临新的重大突破》的专题报告，获得海峡两岸参会代表的高度评价（图 1 是余老师在做专题报告）。该演讲稿整理之后，以《论当代管理会计面临新的重大突破》为题分四期发表于《对外经贸财会》1995 年第 9 ~ 12 期。当年，我也跟随余老师到暨南大学参加中国海峡两岸管理会计研讨会，但我断然没有想到我后来居然会到暨南大学会计学系工作。也许，这就是缘分或命运！

图 1　余老师在中国海峡两岸管理会计研讨会上做专题报告

余老师以“科研项目”为基础，引导博士生开展科学研究。在当时，余老师这种上课方法还是很有创意的，也取得显著成效。余老师及其博士生在《当代财经》（1994～1995 年）连续发表了与余老师主持的国家自然科学基金项目相关的系列学术论文八篇，在学术界产生了重要影响，奠定了我国在这个领域后续研究的基础。当年，发表在《当代财经》的系列论文都经过余老师的审阅或修改，但余老师都没有署名。这在当年乃至现在，都是一道独特的“风景”。

时间飞逝，不知不觉，到了 1995 年 10 月，我就在余老师的“私塾式”课堂的熏陶下毕业了（图 2 是我在博士学位论文答辩之后与余老师的合影）。

图 2　我在博士学位论文答辩之后与余老师的合影

天南海北地神聊

显然，余老师这种“私塾式”课堂的效果还是相当显著。不过，我觉得追随余老师的最大受益并非来自余老师“正儿八经”的上课，而是来自余老师“不经意”的言传身教。

每次在余老师家里结束“私塾式”课堂之后，余老师马上切换“频道”，转变“角色”，不再一副“严肃认真”的样子，而是“生动活泼”地跟我们“天南地北”地神聊“题外话”，从国内聊到国际，从国家社会聊到个人，无所不包，信息量极大。这种“先专后博”以及“精专”与“广博”相结合的“私塾式”课堂的效果极佳。

面对与国际惯例“全面接轨”的浪潮，余老师这种“私塾式”课堂因不符合国际惯例而备受指责，如今已经被“遗弃”，“销声匿迹”，不再存在。取而代之的是一个学科的博士生一起上课的“西式课堂”。时至今日，要是有哪个“一驳就倒”的博导胆敢“冒天下之大不韪”开设这种“私塾式”课堂，那就是必须受到严厉惩治的教学事故。我后来也担任博导，也采用“西式课堂”给博士生上课，但就博士生而言，我觉得还是“私塾式”课堂更管用。因为博士生的选题相对“精专”。余老师在课后的“神聊”中一再强调：所谓“博士”并不“博”（而是“专”）。我并不否认“宽口径，厚基础”的“博”，但可能“时态”搞错了。“博”应该在大学本科阶段（甚至中学阶段）解决，不宜在博士生阶段再“补课”。博士生的“精专”选题应该采用“精英式”教学方式，而不是“大众化”教学方式。“私塾式”课堂就是充分体现“因材施教”的“精英式”教学方式。按照余老师这种“私塾式”课堂，凡是其指导的在校博士生都必须到余老师家里听课。我属于一直“在校”的“老学生”，因此，我是余老师“私塾式”课堂的“常客”。不过，余老师的“私塾式”课堂，“与时俱进”，“时听时新”，让我受益匪浅。在此，我不禁弱弱地问一句：如今的博士生“程式化”上课方式，真的就比余老师三十年前的“私塾式”课堂更具有科学性吗？我不知道答案，但我知道“改变未必就是改善”！

余老师博览群书，知识渊博，学贯中西。余老师总是强调一个人只有“起点高，视野广”，才能有广阔的胸怀或大格局。为了能够与余老师“聊天”，不至于“把天聊死”，我积极主动地“悦读”了许多不同学科、不同题材的书。有一段时间，陈志升还通过各种渠道，收集各种可能收集到的书，由我提供给余老师。我自然“近水楼台先得月”也顺便“悦读”这些书。有时，余老师还会跟我交流“悦读”这些书的心得体会。聊得高兴，余老师也会“开怀大笑”。完全可以说，余老师的“私塾式”课堂显著地影响了我的学术视野，也塑造了我的批判性思维。

常言道“润物细无声”！也许，受到余老师“潜移默化”的影响，我身上具有余老师的某些“烙印”。余老师也曾经说过，“小胡的性格有些像我”。我至今不知道，余老师是在批评我，还是在表扬我。得益于余老师的“言传身教”，我后来一直倡导“立足会计，又超越会计”和“如今只学好会计做不好会计”等观点。余老师一生都与“管理会计”结下不解之缘。因结缘余老师，我从此也与“管理会计”结下不解之缘。从 2015 年之后，已经年过半百的我，决定“华丽转身”，不再招收博士硕士研究生，一心关注管理会计理论与方法的中国实践，积极地传播、演绎管理会计理念。我想这也算延续余老师未了的心愿吧！

非常遗憾，我没有对余老师的“私塾式”课堂来个“立此存照”。余老师的“私塾式”课堂只能是留存于我“脑海”里的“美好传说”。此时此刻，我忽然有点“异想天开”，万一以后有机会就余老师的“私塾式”课堂申请“世界非物质文化遗产”，那可就缺少了非常重要的证据。

浓浓的人间烟火

余老师是一位著名学者，许多介绍余老师的文章（包括我写的文章）自然也就侧重于余老师的学术成就和学术风格。由此，余老师给坊间的印象大致就是“一心做学问”“不食人间烟火”“不合时宜的堂吉诃德”……当然，坊间对余老师的误解或误读也很正常。在一定意义上说，这些介绍余老师的文章误导了坊间的芸芸众生，以致“以讹传讹”。就此而言，我就是一个“帮凶”。我原本真心想做一个“帮手”，向芸芸众生讲述余老师的学术思想，但事与愿违，不料却成为一个“帮凶”，导致芸芸众生误解余老师。有时，良好的愿望未必就有良好的结果，千万别自以为“没有功劳，也有苦劳”。没有功劳，就是管理会计所关注的“不增值作业”或“不必要作业”。

坦率地说，作为学生，余门弟子（包括我）刚刚接触余老师多少还是有些忐忑甚至惧怕。1995 年 10 月，博士毕业之后，我便从厦门大学财政金融系调到厦门大学会计学系任教，与余老师成为同事，跟余老师自然也更熟，可以更随性地与余老师讨论一些问题（包括日常生活问题）。其实，余老师并非缺乏生活情趣，只是觉得时间非常宝贵，舍不得把宝贵的时间花费在所谓“人情世故”上面。这样，有时难免“不识时务”，甚至“得罪人”。当然，这其中也有余老师自己的原则或底线。有些人和事，余老师不愿意迁就。

当年，学术界还是存在一些“历史遗留问题”，“排资论辈”的现象时有发生，年轻学者不容易晋升高一级职称。为了提携年轻学者，有些“好心”的资深教授在发表的论文署上年轻学者（通常是自己的学生或助手）的名字（当年，评职称没有第一作者或通讯作者之说，也没有权威期刊之说）。余老师发表的论文基本都是独立作者。对此，坊间多有议论。我斗胆问余老师这个问题。余老师说，他的论文都是讲课或演讲的手稿整理而来，因此，只能是独立作者。况且，人文学科不像自然科学，基本不需要“团队作战”，论文的学术观点或思想都是一个人的“突发奇想”。原来如此！我接着半开玩笑地问余老师，您难道就不关心学生的职称晋升吗？余老师很认真、严肃地说，我当然关心，但关心的方式不同。余老师认为“严师出高徒”有些绝对，“严师未必出高徒”但“严师可能出高徒”，只要自己平时严格培养、严格要求学生，学生自然会有好的成果，有好的成果，评职称自然可以“水到渠成，马到成功”。实事求是地说，学生晋升职称或投稿，余老师也会出面“打招呼”或大力推荐。但余老师觉得学生的成果或论文质量很好，“打招呼”或推荐也就有“底气”，成功率也就比较高。哈哈！原来余老师注重学生的过程管理，而不是注重学生的结果管理。我还是忍不住再问余老师，您为何不做一些适当的解释。一向自信洋溢的余老师非常严肃地回答：“理解我的人，不用解释；不理解我的人，解释也没有用。”这就是余老师的本色！

后来，我自己也培养了一些博士生，我借用余老师的这种过程管理思维，要求学生必须“立足未来，布局现在”（而不是“立足现在，展望未来”），“步步为营”。多年的实践，我的做法也取得不错的效果。看来，“姜还是老的辣”！

其实，余老师是一位浪漫而有风骨的学者。余老师始终“以诗言志，以诗言情，诗意情怀，感悟人生”（希望更详细了解余老师“多彩的人生”的读者不妨“悦读”《余绪缨传记》编写组编写的《一绪长缨：余绪缨传记》一书。该书由广东经济出版社2022 年 9 月出版）。这样的学者难道会“不食人间烟火”吗？

师生的隔空交流

行文至此，我眼前浮现余老师“亲切的音容笑貌”。2007 年 9 月中旬，我得知向来身体不错的余老师住院时，正忙于暨南大学会计学系的一件重要事情（我后来被“收编”，担任了暨南大学会计学系主任），原本想忙完这事马上去看望余老师，没想到事情忙完了正准备去看望余老师就得到余老师“仙逝”的噩耗。2007年9月29日，我到厦门参加余老师的追悼会。在给余老师上香时，掉落的香灰狠狠地烫了我的左手大拇指。这是一种巧合吗？我觉得这是余老师在“责怪”我。往事并不如烟！在余老师临终前我没能去看望余老师。这件事成为我心中永远的痛和终生遗憾。

有一年的清明节，余门弟子到厦门安乐园给余老师“扫墓”。厦门安乐园安放的“牌位”很多。余门弟子有些茫然，一时没有找到余老师的“牌位”。也许，余老师已经“原谅”了我没有在他临终前去看望他的“不敬之举”。“冥冥之中”受到余老师的“指引”，在众多的“牌位”中，我一眼就看到余老师的“牌位”。

早在1983年，余老师就曾经撰文论证“现代管理会计是一门有助于提高经济效益的学科”，并毕生积极倡导中国必须重视并推行管理会计。但余老师的真知灼见并没有得到重视。“三十年河东，三十年河西”“风水轮流转”。2014年，财政部把管理会计列为会计重点发展方向，大力推广管理会计，余老师当年的“小众呼吁”已然成为“大众热议”。我不知道，这是喜还是忧？趁清明节余门弟子到厦门安乐园给余老师“扫墓”之际，我与余老师“隔空交流”，向余老师“诉说”中国管理会计的“发展盛况”。我不知道，听完我的“诉说”，余老师有何感想。但我想毕生都满腔热情地关注和研究中国管理会计发展的余老师一定能够理解“听到”我的心声，也必定有自己的独到见解。

图3　我与余老师“隔空交流”中国管理会计的“发展盛况”

斯人已逝，风骨犹存！

一朝沐杏雨，一生念师恩！

余绪缨教授访日纪行

1991级博士生　陈胜群

应日本九州大学、早稻田大学等单位的邀请，我国著名会计学家、厦门大学教授、博士研究生导师、经济学博士后流动站学术带头人、民盟中央委员、民盟福建省委会副主委、厦门市政协副主席、民盟厦门市委会名誉主委余绪缨教授于1995年11月7~20日对日本进行了一次友好学术访问。此行从日本西部至关东地区，访问了九州大学、熊本学园大学、长崎大学、早稻田大学、骏河台大学、专修大学、一桥大学七所大学，与日本会计学界十多位著名专家就当前会计特别是管理会计领域的最新发展作了深入的切磋交流，也就会计教育等有关问题接触了很多会计界同行，还重点考察了日本两个誉满全球的现代化企业的生产现场——丰田汽车九州工场与东芝电器府中工场，受到盛情接待，并与实务工作者就如何实现企业管理现代化等问题进行了面对面的探讨。这次访问加强了友谊，开拓了渠道，为我国管理会计学科进一步发展及与日本同行的学术联系与交流奠定了坚实的基础，因而是一次极为重要而成功的学术之旅。我此次全程陪同余绪缨教授在日进行访问，深为日本学界对余绪缨教授此行的深情厚谊所感动，并从交流中涉及的一些问题得到许多有益的启迪，故特撰文以记之。

行程概要

年逾古稀的余绪缨教授10月份刚刚结束台湾的学术访问，瞬即取道香港赶赴日本。11月7日晚，从福冈机场出口处走出的余绪缨教授，毫无倦色，依然满面红光笑着走向专程前来迎接的九州大学经济学部部长森本芳树教授和著名会计学家藤田昌也教授。三双大手在机场迎宾厅里紧紧相握，揭开了余绪缨教授这次东瀛之旅的序幕。

日本方面早已对余绪缨教授的两周行程作了周密而细致的安排，这里不妨对紧凑的行程概要一述。11月8日，由余绪缨教授在九大经济学部作专题演讲；11月9日，参观丰田汽车九州工场；11月10日，赴熊本与熊本学园大学专家学者进行学术交流；11月11日，赴长崎考察长崎大学经济学部发展沿革；11月12日，回福冈参加由九大经济学部专门主办的宴会，席间讨论加强今后的校际学术交流问题；11月13日，上午与九大经济学部管理会计教研室成员进行学术讨论，下午搭飞机赴东京；11月14日，去东芝电器府中工场访问调查；11月15日，赴骏河台大学参加交流的专家人数之众、水准之高，都是一般难以邀到的。其中在日本属于“重量级”的一流会计专家：九州大学教授藤田昌也先生、西村明先生；早稻田大学名誉教授、爱知学院大学教授藤田幸男先生；菲利斯女子学院院长、著名的国际会计专家中岛省吾教授；日本会计学会前会长、日本皇家文化勋章获得者饭野利夫教授；专修大学教授樱井通晴先生；一桥大学教授广本敏郎先生；此外还有知名学者长松秀志、八田进二、井上良二、梅村等教授。这些专家学者各有所长，与余教授在各个领域里进行了广泛的交流。群星荟萃赢得硕果累累。这次日本之行的成果要一一细说实难做到，下面只能择要分述。

几个难忘的场面

如果要说“难忘的场面”，那么这次访问的每时每刻可说都令人难以忘怀。如藤田昌也教授从接机、全程陪同参观到送行，都是亲自驾车，并代为搬运行李。当发现有遗忘物品时，即刻专程驱车前往宾馆领取并以快递寄出。还有藤田幸男教授，作为唯一的代表日本出席联合国会议的专家，年近七旬的他平时从不自己驾车外出，但为了陪伴余绪缨教授去东芝电器府中工场考察，并到作为日本象征、壮丽无比的富士山进行观光，亲自驾车陪同了两天，其中仅高速公路的行驶距离就达 400 公里。因为路程太远，他还特地改变了工作计划，陪同余绪缨教授在山梨县的宾馆住了一晚。这些情景虽仍历历在目，但笔者还想就以下几个令人记忆犹新的场面作一回顾。

其一是余绪缨教授在九大经济学部作题为《会计变革与社会经济环境、条件变革之间的依存性》的演讲，引起了很大的反响。余绪缨教授在演讲中密切联系新中国成立以来的实际，循着中国经济体制改革与会计变革之间的依存关系这条主线，旁征博引，把中国会计近几十年来改革与发展的历史进程和相应的经验、教训作了高度的概括，并对中国会计面向 21 世纪的发展趋势作了前瞻性的理论分析。余绪缨教授的演讲形象生动、简洁且富幽默感，不时被掌声所打断。日本的专家教授们对余绪缨教授流利的英语和将历史观、全球观和比较观巧妙地融为一体的广阔学术视野，无不投以钦佩的目光。演讲会的后半段，余绪缨教授对专家教授、听讲的大学院博士、硕士生们提出的问题作了中肯的回答。甚至到离开报告厅回到休息室时，仍有学生尾随而来，就他们关心的问题向余绪缨教授作进一步的请教。

其二是结束九州地区的行程转赴东京地区进行访问的前夕，在九州大学经济学部举行的欢送晚宴上，余绪缨教授热情赋诗，畅抒情怀。

由九州大学藤田昌也教授亲自周密安排的九州地区为期一周的访问行程，紧张而又愉快地圆满结束了，宾主之间充满着依依惜别之情，为此九州大学经济学部特为余绪缨教授举行隆重的欢送宴会，宾主畅叙友情，并交换今后进一步加强学术交流与合作的设想与建议。席间余绪缨教授忆古论今，豪情满怀，朗诵“访问九州大学临别感赋”一诗，对今后进一步加强中日之间的文化、学术交流表达了殷切的期待，得到与会专家、教授的一致认同和赞誉！在座的西村明教授当即表示要将该诗译成日文在院刊上登载。诗曰：

盛情相邀情意深，益友良师喜相逢；
先哲遗风垂典范，长征接力赖来人。
博采众长无国界，更喜扶桑是近邻；
自强不息天行健，东方世纪瞬来临！

其三是从余绪缨教授访问考察的两个企业的接待情况，看出日本实务界对余绪缨教授这次访日的重视程度，同时也反映了日本实务工作者尊重专家、学者的一贯传统。丰田汽车九州工场早就安排了专门的讲解员，并请成本管理课的主管专门解答我们对实际生产方面的疑问。特别是关于 JIT（Just - In - Time）系统的运作方面，有实物作为参照，印象甚为深刻。因为九州工场非常之大，他们为余绪缨教授的到访配备了专车，由专职的司机和讲解员同行。临别时，除送我们每人一套丰田汽车的资料外，还各送了一个精致的不锈钢制的丰田汽车模型，这是访问该工场的特别贵宾才能享有的礼遇。在东芝电器府中工场也是如此。穿着制服的工作人员将我们引到四楼专设的房间门前，门匾上两行对称的大字格外醒目：厦门大学余绪缨教授——东芝电器府中工场。进入房门，桌上摆着呈扇形展开的中日两国国旗。在观看了专为余绪缨教授准备的英语录像解说后，成本管理课的课长、主任和两位课员四人一起陪同我们参观生产流水线。参观之后，他们又拿出专门事先印制好的成本管理流程图进行讨论，双方各抒己见，气氛甚是融洽。

其四是在骏河台大学的学术交流活动，真正令人难以忘怀。其中可谓是当代日本会计学界泰斗的饭野利夫先生，以 78 岁的高龄亲自设宴主持招待。在席后长达四小时的学术讨论会上，饭野先生就中国会计改革遇到的阻力及其解决对策等方面提出了许多具有针对性的问题，比如中国应用性会计准则的不够完备、对土地的账户处理不够规范等。余绪缨教授一一作了详细的回答。这次学术讨论会，骏河台大学可说是排出了其“最强阵容”，由饭野先生统率全局，长松秀志教授主谈当代管理会计的最新发展，八田进二教授则提出审计领域亟待开拓的课题，井上良二教授则推出当今日本备受瞩目的新金融商品会计问题，可谓是八仙过海、各显神通。这些对于学识广博的余绪缨教授而言并非难题，余绪缨教授既肯定了日方在这些领域的研究成果，同时又一一相应介绍了我国的研究现状。这次学术讨论会虽有相当的综合性，所涉及具体论题的深度却也不亚于专题讨论会，只是因时间有限，才匆匆而别。双方约定今后将进一步加强校际交流，力争在厦门大学举办第二次这样的学术讨论会。八田进二教授一直将我们送到车站，还一个劲地直喊："厦门见！巴黎见！"（指1997年与余绪缨教授共同出席在巴黎举行的第八届国际会计教育大会）

日本管理会计的研究热点

作为我国唯一的管理会计研究方向的博士生导师，余绪缨教授此行主要关心的自然是日本管理会计的研究现状。余绪缨教授详细询问了日本管理会计当前研究的热点，同时介绍了厦门大学管理会计学术群体研究的成果，以及我们自己独特的见解，与西村明教授、樱井通晴教授和广本敏郎教授的交谈的内容，可以说基本上体现了当今日本管理会计的几大"热点"——成本企画、ABC/ABM模式和管理会计的历史观的代表性观点。

九州大学西村明教授是日本会计学界颇具名望的学者。他不仅研究管理会计独树一帜，且对中国古代至现代的会计有较深入的研究，著述甚丰，汉语有较高的修养，因而素为中国会计学界所熟知。这次西村先生专门召集了其助手、学生数人，同我们聚集一堂，畅所欲言。西村先生提出了他独特的关于"日本管理会计的结构与特质"的认识。他指出，日本管理会计与日本的经营管理体系密切相关，它依靠纵、横双向并重的组织管理体系支持，具有日本独特的预防性或者说前馈性特质。这在成本企画中体现得尤为明显。西村先生进而指出，成本企画是靠日本国民文化与经营组织文化这双重的集体主义支撑着，因而构筑管理体系时能使得低成本与高质量完美结合并同时达成。余绪缨教授则在肯定这一见解的同时，提出可以在更广的意义上推演这一论断。余绪缨教授指出，欧美管理会计与其组织的关联性渊源更久，其独特的结合方式与日本不同，其组织理论比之日本更为成熟，因而欧美的管理会计模式一直在全球起着主导作用。同时余绪缨教授也指出日本成本企画在实务上的成就值得肯定。这两位知名专家谈兴甚浓，难以尽兴，西村先生主动提出再次访问厦门大学。余绪缨教授表示热情欢迎。

专修大学是具有 113 年历史的老牌私立大学，该大学樱井通晴教授是日本研究 ABC/ABM 领域首屈一指的专家，某种意义上也可说是 ABC/ABM 的创立者之一。因为樱井先生作为哈佛大学的客座教授，1988 年前后约两年时间与库珀（Robin Cooper）、卡普兰（R. S. Kaplan）共同工作，为 ABC 的构建作出了较大的贡献。饶有趣味的是，樱井先生至今仍对他与库珀先生某些理论观点上的不同而未能忘怀。库珀一直认为 ABC 只不过是一种精确分配间接费用的手段，而樱井则持发展的观点，认为 ABC 必然会向管理的层面深化拓展。这与余绪缨教授对这个问题的学术观点竟是不谋而合。余绪缨教授最早于 1990 年在加拿大继而于 1992 年在澳大利亚进行学术访问，参阅了 ABC 有关文献时，就独辟蹊径进行了深入的思考，得出的结论是：ABC 作为一种明细化的动态信息系统，应视为一种工具或中介，其潜在的生命力在于作业深处。以作业为基础的管理（ABM）是将管理深入到作业水平，就像现代生物学深入到分子水平形成分子生物学一样。成本管理具体深入到作业水平必将开辟管理会计的一个新天地。樱井先生对余教授的新颖见解大加赞赏，直说找到了知音。余绪缨教授进而补充了他对 ABC/ABM 的独特认识。他认为当今的 ABC/ABM 已经成为现代成本管理的综合化体系，其内容包括适时控制系统（JIT）、目标成本计算和质量成本计算等。特别是 JIT 在这个体系中起着极其重要的作用，JIT 所要求的“零库存”是使作业管理体系得以尽可能消除一切“不增加价值的作业”的一个极为重要的方面。参加专修大学学术讨论的一位爱尔兰教授听了频频点头，连称余绪缨教授的见解独特且深刻。

日本经济学最权威的学府当推一桥大学，广本敏郎教授可称是当今日本管理会计学界中年学者的杰出代表，因为他在论资排辈传统极深的日本取得了常人难以企及的一桥大学博士学位（其难度超过取得欧美的博士学位）。广本先生涉猎的领域虽广，但他是重点研究美国管理会计历史的，因此与余绪缨教授的讨论重点自然侧重于会计史。当今日本不少学者试图从史学的角度研究会计现实，因此这也是一个研究的“热点”之一。广本先生着重于从二战战败、朝鲜战争、二次石油危机等事件谈日本管理会计的从无到有及其逐步成长壮大的历程。余绪缨教授则立足于中、日、美三国会计史的比较，从更高的层次上考察当今世界会计的现状。两位学者的阐述精彩纷呈，相得益彰。参加这次学术讨论的还有德高望重、具有很大国际影响的中岛省吾教授等，大家均感受益匪浅。

大诗人李白曾有名句“海客谈瀛洲，烟涛微茫信难求”，这也许可以描述我们对日本会计学研究实态的了解的状态。的确，我们有所知，不管是间接的还是直接的，但我们尚未了解的同样不少。传统上我国倾向于借鉴欧美特别是美国的会计思想，这固然是正确的思路，且与会计国际化的潮流相吻合。然而，我们不应该无视与我们有着同样东方文化根基的近邻日本的会计理论和实践，尤其是作为推动日本“经济奇迹”主导因素的管理会计实践。鉴于日本的管理会计正以迅猛的势头向着适应后工业社会的战略性高度发展，余先生及时地洞察到了这点，率先走出国门，开拓了与日本学界的交流渠道，实属极具前瞻性的一举。

（本文原载《余绪缨学术文集》，辽宁人民出版社，2000 年）

传道授业躬耕一生　立德树人泽被千秋

——纪念余绪缨教授百年诞辰

1993 级博士生　骆德明

厦门大学是我最美好的回忆，而厦门大学余绪缨教授是我一生中最难忘怀的人。自从恩师余绪缨教授于 2007 年 9 月离开我们之后，我一直想写点什么以兹纪念。2022 年是恩师百年诞辰，思念绵绵不绝，脑海中始终萦绕着与恩师在一起时的点点滴滴。

我第一次偶见恩师是在一天上午，在厦门大学经济学院 MBA 中心走廊上遇到一位略带卷曲花白头发、穿着浅蓝色西装、神采奕奕、很洋气的老师，一看就是个大教授，我腼腆地打了声招呼“Good morning”，他和蔼可亲地回复“Good morning”。我以为这是加方派来给我们上课的，我走进办公室问这个老外给我们上什么课，一位老师哈哈笑了，“你想外教想疯了？这位不是外教，是咱中国人，是赫赫有名的会计学系余绪缨教授，也是我们中心的导师。”“啊！”我木讷地说，“我们学校于文强同学不是在读他的博士吗？”“是的，你也想读吗？”“Of course”我答道。余老师是我国管理会计的泰斗，而我在本科时对企业管理特别感兴趣，虽然当时尚未涉猎管理会计，但望文生义地认为有相通之处，于是产生了想考余老师博士生的念头。

硕士第三学期末，我要报考余老师的博士生，但中心主任不同意，说是不能提前报考，给我泼了一盆冷水。直到一年后才报考，且如愿以偿地考上了余老师的博士生，正式成为余门弟子。

我在厦门大学跟随余老师三年。余老师渊博的知识、率真的性格、坦荡如砥的为人，深深地影响了我，可以说我的为人处世颇有恩师的烙印。

在我的印象中，余老师是个博学、勤奋、率真、重情的大师。

图 1　答辩后与余老师及答辩老师、同届同学合影留念

余老师出生于江西靖安清末秀才之家，1941 年考入厦门大学商学院会计学系，毕业后留校任教。六十多年的从教生涯，余老师孜孜不倦，博览群书，家里堆满了各类书籍，不仅有会计学的，还有数学、文学、经济学甚至金庸的武侠小说；除了中文书籍，还有大量的英文原著。余老师专注于读书育人做学问，专业研究水平在其毕业后不久便崭露头角，1948 年，余老师发表的论文《币值变动会计之理论及其方法》（原载《公信会计月刊》第 12 卷），迄今仍是这一领域的经典文献。随着研究领域的不断深入，1980 年，余老师在国内首次提出了会计信息系统论，在《要从发展的观点，看会计学的科学属性》（《中国经济问题》1980 年第 5 期）一文中指出，“应把会计看作是一个信息系统，它主要通过客观而科学的信息，为管理提供咨询服务”，成为中国会计学南北两大流派中会计信息系统论的主要代表性人物。即便在今天的数字化时代，会计信息系统论的观点也具有相当强的前瞻性。除了会计专业领域外，余老师对经济领域的研究也颇深，他熟读《资本论》，通晓马克思主义政治经济学和西方经济学，还在我国处于社会主义商品经济阶段，他就通过研究我国经济特点撰写了《试论社会主义市场经济与国有企业的股份制改革——兼论我国会计理论建设的目标模式问题》（《中国经济问题》1992 年第 6 期）一文，对建立我国社会主义市场经济体制及国有企业的股份制改革进行了详细严密的论证，为当时进一步改革开放及随后社会主义市场经济体制的确立奠定了理论基础，足见余老师经济思想的深邃性、远见性。

余老师不仅专业理论研究做得好，文学造诣也很深，唐诗宋词样样精通，兴致来时常常吟诗作词，我们收集到的也有几十首，如“七三感怀：历尽沧桑路不平，从生白发气犹雄！满纸文章何足论，芬芳桃李蔚成荫！莫道鬓霜人已老，尚期展翅遨长空！何时了却平生愿，长征接力有来人！”等，对仗工整，气势磅礴。

余老师不仅国语功底深厚，而且还讲得一口流利的英语，常常用英语给我们讲课，因为我们有个师弟是老外，听不懂中文。余老师频繁活跃于国际会计学术界，介绍中国会计改革与发展，研讨国际最新会计理论问题，从不需要翻译。余老师还是国际权威学术刊物《会计国际学刊》（*International Journal of Accounting*）编辑政策部五位成员之一。

余老师的学术成就以及他的博学多才，是他长期勤奋努力的结果。余老师每天五点多就起床学习，晚上也要学习到十一点多才休息，365 天无休，且坚持天天听英语广播。我毕业后（2001 年左右）去余老师的新居拜访，他还在书桌前一字一句地爬格子，我劝他说，“您都八十岁高龄了，可以休息休息了，不要再这么辛苦天天爬格子了。”他答道，“我尚有很多事没做完呢，还有好几个博士生要培养。”随即给我写了一首诗：“岁月悠悠逝不回，八秩回望路岖崎！传道授业行无愧，越海寻径劳亦微。喜见八方多才俊，又谙学海有新碑。更喜桑榆晚景好，常期报国尽余辉！”

余老师治学严谨，常教导我们：“板凳甘坐十年冷，文章不写一句空。”余老师不仅要求我们做到，自己更是身体力行。细读余老师的论著，思想深邃，逻辑严密，语言精练，用词精确，可以说少一字不行，多一字也不行，真正做到了“文章不写一字空”。余老师的一百五十多篇论文，是他自己呕心沥血的结晶。余老师对学术腐败深恶痛绝，眼睛里容不得沙子。有次聊天中，我提及我研究创建的作业成本计算模型及推导被某校教授抄袭至其著作上，却没有标注模型的出处，余老师听后非常生气，愤怒地痛斥那教授之不端。

余老师不仅为人正直，学问做得好，而且生活也很有格调。在繁忙的教学科研之余，余老师常常吟诗诵词、欣赏中国古典音乐，而且还是个武侠迷，最喜欢看金庸的武侠小说，跟我们聊天聊到金庸小说时，会兴奋得滔滔不绝。有一天晚饭后，我陪余老师散步时到阿明家，阿明家正好在放音乐，小康问余老师喜欢听什么歌，余老师爽朗地说“邓丽君的”，没听一会就兴致勃勃地要求小康唱一曲《何日君再来》，在小康唱的同时，余老师也随声哼唱起来，温馨小屋的气氛顿时达到了高潮。2006 年 5 月，余老师到上海国家会计学院讲学，我们上海弟子与余老师及其好友徐震旦教授欢聚一起，说说笑笑，甚是开心，席间余老师站起来，即席为诗一首："名城名校相映红，英才云集浦江滨！正气凛然行大道，智计神奇融古今！博采众长无国界，迎头超赶创高新！自强不息天行健，厚积薄发立新风！"

人生多少事，百岁一瞬间。碎语话思念，谨把师道传！

（本文原载《会计之友》2023 年第 8 期）

师恩难忘

1993 级博士生　孙　航

尽管在学术上远未达到先生的要求与期望，但相对于入学前的水平，在先生身边学习的三年，我还是有长足的进步，因此，特别感恩先生的教诲。

师生缘分

1989 年 6 月，先生应邀到安徽蚌埠主持了安徽财贸学院（现为安徽财经大学）1989 届会计学专业硕士学位论文答辩。尽管从厦门到安徽财贸学院所在的蚌埠需要几经辗转，且铁路交通因当时的特殊情况已不太正常，但先生还是不顾长途劳顿及中途可能的滞留风险履行了数月前作出的到安徽财贸学院主持论文答辩的承诺。在此之前我曾拜读过先生的《管理会计》（中国财政经济出版社，1983 年 3 月版），因听闻师兄师姐的硕士学位论文答辩将由著名的余绪缨教授主持，便专门查阅了先生公开发表的部分论文，其中包括《要从发展的观点，看会计学的科学属性》（《中国经济问题》，1980 年第 5 期）、《现代管理会计主要特点及其吸收利用问题的探讨》（《中国经济问题》，1981 年第 1 期）和《关于建立适应我国社会主义现代化建设需要的会计学科体系问题——兼论与此有关的几个会计理论问题》（《会计研究》，1982 年第 2 期)，对先生博采众长、独树一帜的学术成就略有了解，但在旁听席上第一次见到先生还是颇为震撼。用“声音洪亮、中气十足、身姿挺拔、精神抖擞、器宇轩昂”描述当时的先生都是恰当的。先生事先已认真审阅了提交答辩的论文，对答辩人论文高屋建瓴的评论，对答辩人深刻且温和的点拨，展示了大学者严谨的治学风格、博大精深的学术造诣和温文尔雅的沟通技巧，让受众眼前一亮，茅塞顿开，如沐春风。

1990 年 11 月，我的硕士学位论文校外评审人碰巧又是先生。先生在评语中指出了论文中的不足，又用了一些肯定和鼓励的言辞。我的硕士导师卓文燕教授 1959 ~ 1963 年曾就读于厦门大学经济系，也是先生的学生。卓先生为指导我的硕士论文写作花费了很多功夫，看到先生对学生论文的评语也十分高兴。我读了先生的评语，确有醍醐灌顶之感，也增强了继续学习、研究的兴趣。所以，两年多之后报考博士研究生时，先想到的博士生导师就是先生。这也许就是命中注定的师生缘分。

强基础重科研的教学

针对博士生来自不同学校和不同专业的特点，先生在开学之初会列出必读的著作和论文目录，要求学生系统阅读以强化专业基础、拓展学术视野。在平时的教学中，先生要求学生关注学科的最新进展，围绕指定的专题进行研究导向的学习，并形成可以公开发表的研究成果。1994 ~ 1996 年在读的博士生均参与了先生主持的国家自然科学基金项目“以高科技为基础，同作业管理紧密结合的新会计体系研究”，各子课题的研究成果由参与研究的博士生在事先向先生约稿的杂志上以博士生自己的名义独立发表。尽管论文的主要思想和研究方法来自先生且先生花费了很多时间审阅修改论文，但先生从不以科研“老板”自居，总会拒绝联合署名。我们起初认为先生嫌我们的论文水平低，后来才明白，先生乐于义务教学，不愿占学生的“便宜”，希望学生有独立的科研能力和更多的独立成果。

重视三观教育

先生一生致力于教学和科研，是著名经济学家、会计学家和知名教育家，但在主业之外先生也参加了一些社会和政治活动，曾担任民盟福建省委副主委、民盟厦门市委主委、厦门市政协副主席，是一位热爱祖国、有社会良知的著名社会活动家。余老师在为经济建设“出主意、想办法，做好事、做实事”、履行“参政议政、民主监督、政治协商”职责时，对社情民意有深入的了解，也认可费孝通先生提出的“各美其美，美人之美，美美与共，天下大同”的共赢理念。先生有丰富的治学经验和多彩的社会阅历，洞明人生世态，对社会现象明察秋毫，对社会问题有真知灼见。先生要求学生，做学问，先要学会做人，三观要正，要满足德才兼备、以德为先的标准。先生在学生遇到困惑时总能给予正确引导，常对我们说，科学研究可以理想化，追求最优解，现实生活中应有平常心，能接受次优解或满意解。这对我们妥善解决问题，调节心理预期和心理状态，更好地适应社会有重要的指导意义。

精心指导学位论文

我当年读博的主要目的是希望毕业后到高校从事教学工作。先生认为，系统研究思想史及学科的发展史对把握学科发展方向、提高教学水平很有助益，但进行思想史研究需要花费大量时间和精力搜集、梳理、研读文献。在学位论文选题阶段，按先生指导的研究思路和研究方法，我准备做管理会计思想史研究。在查阅文献的过程中，我发现进行管理思想史研究需要阅读的文献量太大，深感力不从心，而战略管理会计又是国际上一个较新的领域，国内也鲜见相关论述。在向先生汇报相关想法及文献阅读情况之后，先生鼓励我将博士论文题目定为战略管理会计，并建议把参与先生主持的国家自然科学基金项目研究的一些成果融合其中。在先生审定论文大纲之后，我开始了论文写作。论文初稿完成后，呈送先生审阅的论文初稿是电脑打印稿，先生交还给我的是遍布全文的红笔批注和直接修改，其中包括对英文拼写、错别字和标点符号的直接修改。后来论文的修改比较顺利，尤其是论文定稿后的打印校对特别轻松，因为只要仔细校对先生红笔修改和批注的部分，通篇就不会再有逻辑和文字错误。

鼓励学生自主择业

先生从不干预学生的就业选择，但在关键时刻总能给予确当的指导和力所能及的关照。1993 年 6 月，在得知我顺利通过了初试和复试有可能被录取为计划内博士生后，我所在单位的主要领导出于工作需要和对我的厚爱，希望我改为定向生或委培生。听取我的电话汇报后，先生明确表示，计划内录取指标有相应的计划内经费支持，学校也不会更偏爱收取委托培养费用，全日制博士生毕业时有更多的选择机会，如果入学前改为签订定向或委培协议，毕业时自己可能会后悔，还可能与原单位产生纠纷，建议以全日制计划内的形式静心就读，领取学校的助学金，放弃原单位的工资及可能的经济资助。先生直言不讳的意见确实有助于学生专注学业，也避免了毕业时因选择新的就业单位与原单位可能产生的矛盾。到学校之后发现，前后几届确有几位会计学系内外的同学因为定向或委托培养很难进行新的、更合适的选择。1996年博士毕业时，我希望到著名高校任教，先生主动背书，请孙宝厚师兄向有关大学系主任推荐。尽管后来因为时间安排和家庭生活等方面的原因未能到高校任教，但先生当时对我的关爱一直让我记忆犹新。

追求完美，重视国际交流

先生长期关注国外会计学科的最新进展，以严肃认真、精益求精的态度进行国际学术交流。先生国际往来的信函比较多，经常手书国际回函。为美观清晰，1993～1996年，先生经常让我打印拟邮寄的英文信封，我因此对先生的国际学术交流情况略有了解。1997年10月，先生途经深圳前往巴黎参加法国会计学会主办的第八届会计教育与研究国际研讨会，在会议上宣读论文“On the Social－cultural Analysis of Chinese Accountancy's Transformation Over the period 1950s－1990s and Its prospective Developments Heading for 21st Century”。先生将打印稿初稿交我校对。我将已经校对且无文字差错的文稿呈送先生不久，先生又唤我继续校对修改稿，重新打印后先生又继续修改，再重新打印后先生又继续修改。同在深圳工作的高培业同学说，不要怕烦，“精益求精，追求完美”就是先生的一贯风格，估计每次上台演讲前先生都会不停地修改讲稿。

关心学生生活

先生视学生如子女，既严格要求，又切实关心。入学不久，我因事请假回乡探亲，拟请假一周。先生说，路途千里之遥，乘车就要花费很长时间，既然固定费用已经发生，就带上学习材料在家多住一周吧。1993～1995年，先生为我介绍了校外的会计英语教学项目，让我锻炼英语表达能力，获得适当的课酬补贴生活；先生推荐我参加了一些审计和咨询项目，使我有机会了解厦门特区企业的经营状况并增加一些个人收入（图1是我在嘉信会计师事务所兼职时与先生的合影）。得知我爱人到学校探亲，先生便请同学通知我元旦携爱人到先生家参加先生的家庭新年聚餐，让我们在校园感受到家的温暖和导师的关怀。从厦门大学毕业之后，给先生电话请安时，我经常向先生汇报个人面临的一些困惑，请教工作中遇到的一些难题，先生都能及时指点迷津，不厌其烦地给予具体指导。这些虽是多年前的琐事，但回想起来仍倍感温馨。

图 1　我在嘉信会计师事务所兼职时与先生的合影（后排右五为我）

余绪缨教授的“软管理”哲学思想与智本管理新理念

1994级博士生 傅元略

作为中国管理会计的奠基人和开拓者，余绪缨教授（以下简称余老师）及其学术思想，构成了我国管理会计的“轴心时代”。余老师亲生践行为学之道是“立足专业，超越专业”，努力弘扬“板凳甘坐十年冷，文章不写半句空”的精神，坚持以追求“大视野”“大智慧”做学问的最高境界，尤其是2007年，余老师（那年已经85岁了）带病继续申请教育部的重点课题，这种生命不息、研究不止的精神值得我们后人的敬仰和传承。余老师的一生都奉献给管理会计和管理学的学术研究与教书育人，取得了一系列重要的富有开拓性的研究成果，为具有中国特色的管理会计学科的创建与发展做出了不可磨灭的贡献。诸如，余老师（1985年）比约翰逊和卡普兰教授（1987年）在《管理会计兴衰史——相关性的遗失》早三年提出管理会计理论研究的革新问题，并形成了“解析过去、控制现在和筹划未来”的独特管理会计定义，建立具有前瞻性的“控制现在和筹划未来”的管理会计理论体系，而且，余老师还强调：具有中国特色的管理会计学科建设应立足中国、放眼世界，坚持“自主性”和“开放性”相结合。余老师的理论体系还隐含着软管理哲学思想和智本管理新理念：“以人为本”的柔性管理；“东方智慧整体观”管理模式；

“思辨定性”的软管理和智本管理的新理念。下面就余老师在这些方面的学术思想和贡献作一些回顾和探讨。

“以人为本”的柔性管理哲学思想

余老师指出“以人为本”的管理系统是复杂的社会系统，涉及人的心理、社会层面、丰富的感情世界以及复杂的人际关系，不能从员工的屈从中得到真正的创造力，而应从员工对自己行为的主动性出发，来充分调动广大员工个人和各种组织群体的积极性和创造性。余老师“以人为本”的管理系统是一种“人性化的管理”。实际上，在21世纪，人的智力成为最关键的居于主导地位的因素，而且企业员工在企业生产经营中的主体地位进一步加强，同时，也发现现代的科技竞争就是具有高级创新人才的竞争。尤其是，企业正在数智化转型的变革中，更要从余老师所提出的“以人为本”的柔性管理哲学思想出发，推动管理会计（含绩效管理）数智化转型提升效率和效果。

有许多人认为数字化转型就是原有的绩效管理标准化、定量化和程序化的简单升级。目前绩效管理都用上了平衡计分卡，带有明显的指标目标值的。然而，绩效管理主要是管人，这个系统是一个复杂的智力资本贡献和业务绩效融合的系统，涉及人的能力智力、行为、心理、情绪以及人际关系等。在数字化转型中，如果这些不容易计量的因素不考虑，那么即使硬件升到云端，绩效报告能够适时与责任人互动，也不会达到预期效果。其主要原因有两方面：第一，在不考虑柔性因素（人的能力、智力、行为、心理、情绪以及人际关系等）系统进行升级后，这些原有的棘手问题仍然存在，无法在数字化升级中解决。第二，绩效考核，大多数企业是在人力资源部门进行，数字化环境下，仍然存在陈旧的流程和系统，这些流程和系统往往难以集成，导致错误、浪费时间/成本和员工不满。因此，余老师“以人为本”的柔性管理哲学思想能驱动管理会计数智化转型，特别地在管理会计的绩效管理数智化转型中关于员工健康、交流、激励和考核的柔性管理更是能发挥“以人为本”的柔性管理哲学思想的作用。

基于中华文化的“东方智慧”管理模式

20 世纪 80 年代以前，西方管理学界的主流思想强调精准化和量化模型研究，管理决策奉行最优化准则。进入 20 世纪 90 年代以后，出现了许多有重要意义的新动向，把管理会计研究的重点转移到有关企业管理的机制、组织和决策等方面来。

余老师认为，中国管理模式应从“硬管理”向“软管理”发展，管理的特性从科学趋于艺术，并且强调管理会计的学科建设应当从强调“精密性至上”“硬科学”的方向转变为立足中国、放眼世界，以“东方智慧”的回归为主轴，向综合性的“软科学”的方向发展。余老师强调古为今用（孔孟之道和孙子兵法发展与应用）、洋为中用、以中华优秀传统文化为核心的“东方智慧”。这是一种以“系统观”“整体观”为主导的思想体系，以实现“整体的优化效应”作为最高追求目标。这种管理模式是东方智慧的精华，是历久而常新的。

余老师的“东方智慧”管理模式能引导业务流程管控的数字化转型：第一，在数字化转型中的业务流程再造应按“东方智慧”管理模式，将中医的定性（望、闻、问、切）诊断方法融入流程再造的转型过程；第二，以中华优秀传统文化为核心的“东方智慧”整体观模式，推行不同业务流程的数据共享协同管控的数字化转型；第三，结合余老师的“以人为本”的柔性管理哲学思想，在业务流程协同管控和绩效管理，采用“东方智慧”管理模式的灵活绩效软度量和软管控；而且，“东方智慧”管理模式也是使财会人在数字化转型过程中的职业生涯消除危机，走上自立、自强之路的关键所在。

“思辨定性”的管理决策观

余老师认为“思辨定性”是根植于“人本管理”的管理决策模式，决策目标以“满意准则”取代“最优准则”，它不要求“精确定量”，而要求“思辨定性”。“思辨定性”是人文语言的基本特征，通过慎思明辨，综合、权衡，达到对研究对象整体性的质的把握，这是思辨定性与定量模型的本质区别，因而要求管理人员运用以“思辨定性”为基本特征的“人文思维”，深入人的心理、社会层面和丰富的感情世界去认识、分析、研究相关问题，力求从员工对自己行为的自主性和人际关系的和谐性出发，充分调动广大员工个人和各种组织群体的积极性和创造性。

从现代决策理论的发展，可以看到决策问题分为结构化、半结构化和非结构化三类，就目前决策支持软件系统，就是聚焦在解决结构化决策问题。诺贝尔经济学奖的获得者西蒙教授对这一决策模式提出了严厉的批评，认为这样做为的是产生那些非常动人的数学模型来解决一些结构化决策问题。然而，半结构化和非结构化的决策问题仍然是个难题。决策过程中，专家的推理、想象、感悟能力和由超常智慧形成的超常的洞察力，是任何先进的信息技术所无法取代的。新型管理会计师以广阔的人文视野，从哲学、社会文化和历史方面，不断从闪耀着“东方智慧”灿烂光芒的中国优秀传统文化中吸取营养，大力提高其综合素质和能力，就可适应时代发展的要求，迈向自主、自强的康庄大路！

余老师所确立的“思辨定性”模式可用来指导解决这类问题。这类非结构化的决策支持的数字化和程序化是一项挑战性的课题，目前没有固定的决策规则和通用模型可依，对被支持的决策者行为、学识、经验、判断力、洞察力、决策风格和风险偏好等的权衡，正是“思辨定性”模式要深度研究的问题。这也隐含着“东方智慧”的精华——包含了许多“只可意会，不可言传”因素的“悟性思维”的具体体现。

智本管理的三环节及其柔与刚的融合

余老师认为，适应知识经济时代“智本管理”的要求，以及基于对管理特性的新认识，管理会计应遵循艺术规律，开创出认识上的新的方法论。新的方法论可归结为三个“重于”、三个“并重”。这也就形成了余老师的“智本管理”新理念。如今，我国学术界对知识创新和智本创造价值有关问题研究成为热门话题。早在2007年之前，余老师就开始“智本管理”的三环节“培育创新能力激活智力资源（创新培育）、利益驱动企业创新（利益驱动创新）、企业创新产出及其管理（产出管理）”的有关理论进行了较深入的研究。在近10年，我国很多企业都加大研发创新投入，然而，许多企业都面临着创新投入无回报悖论“创新投入增长没有看到创新增创价值”的困境，如何破解这一悖论是一个创新理论的难题，也是“智本管理”领域的难题。基于“智本管理”理论，余老师的“创新培育、利益驱动、产出管理 ”的智本管理与汉森和布金绍（Hansen & Birkinshaw，2007）的创新价值链有异曲同工之处，其目的是发现智本驱动价值创造和保持智本永续地为企业创造价值的规律，和寻求破解创新投入无回报悖论的解决方法。

余老师认为，“智本管理 ”是一种以尽最大可能促进“知识创新 ”为中心任务的管理，是“人本管理 ”的进一步深化和提高。“智本管理 ”也是知识创新的管理。与余老师的“智本管理”概念类似的是汉森和布金绍（Hansen & Birkinshaw）于2007年提出的创新价值链（Innovation Value Chain，IVC），认为创新是一个循序渐进的过程，并探索管理者行为如何促进企业产生创新并付诸实施。另外，智本驱动创造价值的管理是贯穿创新价值链的全过程，涉及创新智本培育和引进及其创新的投入（包括人、财、物），在传统的企业研发创新管理过程中比较注重于看得见的产出：创新资产（诸如新产品、新工艺、新技术、发明专利等）的形成。但对影响创新培育和引进的其他因素，诸如企业创新的管理制度、人员晋升机制、奖励机制、创新智本引进和培育管理、研发创新管理等重视不够，从而引发普遍困扰的研发创新投入悖论“创新投入增长没有看到创新增创价值 ”。

在智本驱动价值创造的视角下，余老师的“智本管理”三环节“培育创新能力激活智力资源（创新培育）、利益驱动企业创新（利益驱动创新）、企业创新产出及其管理（产出管理）”，可与汉森和布金绍的知识获取、转换、开发利用的三环节相融合。现有文献大多以汉森和布金绍三环节为基础进行拓展研究，从不同层面、不同环节研究企业知识收集、获取、创造并实现转化的价值创造过程。

余老师特别强调：第一，创新培育不仅从加强人类优秀文明成果（文化、历史、哲学、文学、艺术等方面的成果）的教育入手，而且要通过知识传授、环境熏陶、实践锻炼等方式，使优秀文明成果的精华渗透入人的内心世界，并使之进一步升华，逐步形成人员的综合素质和创新思维能力。这样可为企业的长期发展和提升竞争优势提供无穷尽的智本源泉。第二，强调从创新驱动价值创造的视角，培育创新研发团队认知创新是一个复杂的过程，获取新知识和培育创新的目的是为企业和社会创造价值。同时，让创新团队学会分类分步骤地进行渐进式创新。创新可以是对已有成果的改进、修正的创新，可称为改进型创新，另一种是发明型的专利形成，属于发明型的创新，这种创新超越原来同类的产品、方法、工艺或软件系统。也有最高一级发明创新是颠覆性创新，这种创新对人类原有的活动产生翻天覆地的革新。第三，对一个专业人才的创新悟性的培育。创新悟性表现为科学悟性和人文悟性的综合。科学悟性被大多数人看成是一种天赋，认为是与生俱来的感悟能力，因此被披上了一层神秘的面纱。但科学悟性在本质上也是一种科学思维方式，类似于科学直觉、科学灵感。研发创新是一个长期性的复杂迭代过程，需要在这个过程投入巨大的人力、物力和资金，并且要求研发人员在这个过程中必须多学习专业新知识、不迷信权威、勇于对权威提出挑战，不断进行创新性改进或进行颠覆性的创新尝试，以训练和提升研发人员的科学悟性。另外，研发人员还应当具有较高的人文悟性，人文悟性对创新具有很大的驱动作用。余老师所指的人文悟性主要是指人格、气质及修养的高情商展现，一个人无论从事哪一方面的工作，人文悟性高，取决于人文素质和情商的综合。人文悟性高的人，更能提升其科学悟性及其创造能力，不断取得创造性的丰硕成果。

余老师提出“以人为本”的柔性管理可进一步向“智本管理”转变，并且强调“智本管理”是一种以尽最大可能促进知识创新为中心任务的管理，是“人本管理”的进一步深化和提高。因此，“智本管理”制度化的柔与刚兼容是对传统的管理制度大多数停留在刚性方面的改进，并且强调从制度设计到执行整个过程是否真正体现出了柔与刚兼容。这是因为智本在创造价值过程所发挥的作用和形成的贡献是无法通过简单几个指标就可计算出来的，而是需要各业务流程的创造价值的柔性指标来体现的。然而，目前我国大部分企业这方面的柔性指标还在探索中，大多数企业还没有一个刚性指标和柔性指标如何搭配的刚柔相容的度量体系。

余老师不仅开创了“智本管理”新理念，而且在认知方面开创了“智本管理”新方法论即三个“重于”、三个“并重”，形成了将“以人为本”的柔性管理推向“智本管理”转变，并且强调“智本管理”是一种以尽最大可能促进知识创新为中心任务的管理，是“人本管理”的进一步深化和提高，同时强调从智本管理制度设计到执行整个过程是否真正体现出了柔与刚融合。这种“智本管理”及其柔与刚融合的创新性理念，在数字化转型和AI时代也是创新的理念，而且还可发挥重要的作用。

余老师学术思想的前瞻性和创新性，在AI时代还保持其魅力

缅怀余老师的最好方式是将他的学术思想加以继承和发扬光大。在数字经济和AI时代，余老师的学术思想能适应“大智移云”时代的管理会计信息系统，研究和构建既能融入世界知识主流，又具有中国文化特色、能解决中国问题的管理会计理论与方法体系。可具体归结为如下几点。

第一，余老师建立了“控制现在和筹划未来”的独特管理会计理论体系。这个理论体系对推动中国特色的管理会计理论体系奠定了坚实的基础，同时对未来管理会计数字化转型和智能化的研究也具有重要的指导作用。

第二，余老师提出“以人为本”的柔性管理哲学思想。“以人为本”的管理系统是复杂的社会系统，涉及到人的心理、社会层面、丰富的感情世界以及复杂的人际关系，不能从员工的屈从中得到真正的创造力，而应从员工对自己行为的主动性出发，来充分调动广大员工个人和各种组织群体的积极性和创造性。余老师“以人为本”的柔性管理哲学思想能驱动管理会计数智化转型，特别的在管理会计的绩效管理数智化转型中关于员工健康、交流、激励和考核的柔性管理更是能发挥“以人为本”的柔性管理哲学思想的作用。

第三，余老师提炼了融入中华文化的“东方智慧”管理模式。以中华优秀传统文化为核心的“东方智慧”，是一种以“系

统观”“整体观”为主导的思想体系，以实现“整体的优化效应”作为最高追求目标。而且，这种“东方智慧”管理模式也是使财会人在数字化转型过程中的职业生涯消除危机，走上自立、自强之路的关键所在。

第四，余老师提升了“思辨定性”软管理决策观。模式嵌入有关的决策模型，帮助确定决策目标和改进决策模型等。尤其对构建 AI 决策模型发挥一定的指导作用，可根据不同自然状态下可能发生的概率（不确定性，可用概率度量或用思辨模糊度量）进行决策，建立“思辨定性”决策思维模型以形成可供选择的解决方案。在 AI 时代，关于管理会计支持决策支持的数智化研究是一项挑战性的课题，余老师提出的“思辨定性”决策模式可发挥其指导作用。

第五，余老师提出了“智本管理”及其柔与刚融合的新理念。余老师强调了创新培育不仅从优秀文明成果的精华渗透入人的内心世界的教育抓起，而且使之进一步升华，逐步形成管理人员的综合素质和创新思维能力，这样可为企业的长期发展和提升竞争优势提供无穷尽的智本源泉。这种“智本管理”及其柔与刚融合的创新性理念，在数字化转型和 AI 时代也是创新的理念，而且还可发挥其重要作用。

从上述五点在未来的管理会计数字化转型和 AI 应用方面的应用价值和影响来看，余老师的软管理哲学思想和“智本管理”新理念都颇具前瞻性和创新性。同时，也隐含着“东方智慧”的精华——包含了许多“只可意会，不可言传”因素的“悟性思维”的具体体现。进而，我们可看到余老师的软管理学术思想和“智本管理”新理念的精深以及充满着东方智慧与西方管理会计理论融合创新的魅力。基于我国“创新立国”的大战略环境，有必要进一步拓展研究和弘扬余老师的“大智慧”和“大视野”的软管理哲学思想以及“智本管理”新理念，并以此致敬余老师对管理会计和管理学术的重要贡献。

忆恩师

1993 级硕士生/1996 级博士生　林　涛

我是余老师的学生，1993 年进的师门。

我本科期间读书并不用功，考研究生也算临时决定，因此，在确定专业方向的时候有些茫然，只是觉得会计基础理论、财务会计和审计等方向太过枯燥晦涩，相较之下管理会计就有趣多了，遂尽力争取。入学后不久，在经济楼二楼的系办公室举行了研究生与导师双向选择工作会，余老师亲自出席了。那天下午，系里的老师们围着大会议桌坐成一圈，我们 36 个新生早早坐在外围叽叽喳喳。余老师准点到达会议室，所有人都不由自主地安静了，连空气都好像拘束了起来，还好主持会议的系领导很快就让会场的气氛又热络了起来……这是我第一次见到余老师。几天之后，接到被余老师收入门墙的通知时，我的心情也说不清是兴奋多一些还是紧张多一些。

研究生的第一年，系里安排的课很多，很少有时间见到余老师。彼时余老师已年过七旬，仍奋斗在科研第一线，每日笔耕不辍。为了减轻余老师的工作量，系里每年会安排一个研究生帮着做一些文稿校对、收寄信件、跑跑腿之类的活，我们称为“助手”。助手每天或隔天在系里取了信件送到余老师家里。有事的时候，余老师也会打 BP 机直接联系。这部 BP 机陈丰要交给我的时候，他们教授了我好多秘籍：校对要认真，别漏过标点符号……回电话要快……电话时间可能比较长，最好先上过洗手间……他们教得越多越认真，我越紧张。真到了接手的时候，感觉倒也还好，因为余老师很忙，每天工作不止，就7点到7点半这个时间段会坐下来看《新闻联播》，算是一天的休息时间。我就掐好时间准7点到余老师家，陪着一边看电视，一边聊天，7点半准时离开。现在回想起来，余老师应该一早就看出我不是做学术的料，和我聊的多是时事、旧闻、趣闻，有的时候也聊武侠，余老师喜欢金庸。由于余老师次年没有带硕士，因此我又多做了一年的助手。这两年是我和余老师在一起时间最多的时期，现在一回忆，记起的就是这段日子，记忆里，余老师是慈祥的长者，在一起总能找到各种有趣的话题，谈到高兴处嬉笑怒骂，随性而至……1996年把BP机交给周长青师弟后，我就不再定时报到了，最初还不适应了一阵子。

我在1996年硕士毕业后继续在余老师门下攻读博士学位。1993级会计硕士班的人数是当时最多的一届，毕业后读博士的人也多，除了谢德仁提前攻博，我和刘杰、小范、老龚等继续留在厦门大学，李树华去了上海财经大学，王兴去了西南财经大学……王兴报考前经我手拜托余老师写了推荐信，他入学后就一再说林万祥教授想请余老师到西南财经大学讲学。经官方邀请，次年成行，我有幸随行。5月18日老师在西南财经大学面向广大师生以“柔性管理的发展及其思想文化渊源”为题做了学术报告。这是我第一次看到厦门大学之外的老师，让我深刻理解了“学界泰斗”的含义，从下飞机的那一刻开始，余老师就被众多年轻的后辈们簇拥着、请教着，从最基础的概念模型到最前沿的理论问题，从管理会计人本观到跨学科的交叉融合……或许是从一众学子身上看到了管理会计在中国的广阔前景，在成都的日子里，余老师的脸上始终流露着发自内心的微笑。

在西南财经大学的讲学之后，毛伯林教授夫妇等人陪着我们去了乐山大佛，登了峨眉金顶。毛伯林教授热爱摄影，虽只比余老师小四岁，但满面红光、步伐矫健，端着相机登高登低的，四处取景，拍了好多照片（图 1 是余老师与毛伯林教授游乐山时的合影）。可惜当时还是胶片时代，也没有微信，这些照片我拿到的不多。我不懂照相，平时也少照相，在余老师身边待了十几年的时间而时至今日翻遍电脑也找不到几张和余老师一起的照片，遗憾不已！

图 1　余老师与毛伯林教授游乐山时的合影

从成都出发，陪着余老师经由重庆搭乘三峡游轮去往武汉。在重庆停留期间，我们待在重庆工业管理学院，接待我们的是孙芳城老师，他时任重庆工业管理学院会计学系主任。2023 年，我随系里同事前往重庆交流学习，又见到孙芳城老师，他刚刚从重庆工商大学校长的位子上退休，除多了几根白发外，与 26 年前相比，他几乎没有什么变。在重庆期间，余老师多数时间待在酒店房间里写东西，而我则从杨家坪出发把重庆城区跑了个遍。

到了武汉，我们去了中南财经政法大学。先到了杨时展老师家里，杨老很瘦但很精神，得知老师要来，和杨师母早几天就等着了，两位老朋友见面兴奋不已，谈了很久、很开心。从杨老家里出来时间已经不早，走了几步，余老师突然对陪同的人提出要去易庭源老师家看看。路上，余老师对我说易老是名门之后，有独立思想有骨气，是值得钦佩的人，语气让我感觉是在说金庸笔下的某位世外高人。很快就到了易老家，记得是老式宿舍楼的一楼，易老和易师母的身体都不好，好像是因为师母的缘故不能用煤气，还烧着煤球，屋子里很简陋，黑黑暗暗的。余老师的登门拜访让易老很意外，也很欣喜，四手相握，但言语不多。辞别易老回酒店的路上，余老师始终沉默不语。隔天，我们就回了厦门。而我也达成了个人的小心思，余老师答应我离开学校实习一段时间。

1999 年，我毕业留校，虽然还在系里，但是宿舍搬到了主校区之外，离余老师家远了些。工作伊始，每天忙着备课、做课件，到余老师家报到的频度大幅度下降，多只在节假日过去热闹。平时，胡玉明老师在丰庭二楼的宿舍倒是成了和毛付根老师、汪一凡老师、丁鹏等一众师兄弟的聚会场所，每每聚在一起，谈天谈地，但话题最后总会落到余老师身上。余老师的身教重于言教，每个师兄弟身上多多少少都看得到一些影响。图 2 是我和陈国钢师兄探望余老师时与余老师的合影。

2002 年，我结婚时，提前几个月把消息告诉了余老师，他很开心。婚礼当日，余老师在郭晓梅师姐的陪同下到了湖里悦华酒店的宴会厅，送给我们一个小摆件，摆件里附了一张贺卡，里面

图 2　我和陈国钢师兄探望余老师时与余老师合影

有老师写的一首诗：

如花宝剑世所惜，鸳鸯河上影相依，
百年好合情无限，经邦治国赖家齐。

婚庆典礼上，余老师上台致辞，念了这首诗并逐句做了解释，全场掌声不断。余老师的祝福和要求，我们夫妇二人铭记至今。

2006 年春节，我们抱着不满周岁的儿子去余老师家拜年，余老师非常开心，像极了慈眉善目的老爷爷。时至今日，已经大学在读的儿子有时会饶有兴趣地问起我和余老师的关系，他并不容易理解余老师对我们一生的影响，也不容易理解我们对余老师的感情。我们每一个师兄弟对余老师的感情都是独一无二的！

余老师离开我们已经 17 年了，但是，和余老师在一起的日子仍恍如昨日，每每想起，总是思绪万千……

师·范

1997级博士生　贺颖奇

中国管理会计学科奠基人余绪缨教授（以下简称余老师）已经离开我们17个年头了，但是余老师的音容笑貌犹在眼前，余老师的谆谆教诲铭刻心田，余老师的崇高师范彪炳后人。在厦门大学会计学科百年庆典之际，追忆受沐余老师所学所悟的点滴，是对余老师最好的纪念。

人生最大的幸运莫过于遇到一位慷慨无私的传道、授业、解惑的顶级大师作为自己的人生导师，我就是这样一位幸运的人。1997年9月，我有幸投到余老师门下，成为余老师1997级博士研究生之一。在追随余老师学习的日子里，以及在毕业后从事教师职业的工作中，余老师的学术思想、治学精神和道德风范一直涵养着我、激励着我、鞭策着我在职业道路上积极探索、砥砺前行。

传道

我清楚地记着进入博士研究生学习阶段的第一堂课，是在余老师家里上课，课程内容是关于管理会计方向博士生培养与教育若干理论认识问题研究（后其成果发表于《财会通讯》1998年第12期，题目为《论现代管理会计方向博士生培养、教育中的几个理论问题》）。余老师从培养目标、培养方法以及培养与教育中的几个基本关系等几个方面与学生们分享他的研究成果与理论思想。余老师引经据典、博贯中西、深入浅出、娓娓道来的大家风范，之于学生真是对一场思想盛宴的酣畅淋漓的享受。

第一堂课的核心是学问之道。用余老师的话来说就是“读博士是要做学问的”，要追求“做学问的境界”。在充满轻松、愉快、民主、平等的氛围中，余老师引用近代大学者王国维在《人间词话》中提出的“三境界”教导我们求学、问学、为学的道理和规律，即：

第一境界是“昨夜西风凋碧树，独上高楼，望尽天涯路。”借以说明选择读博士，意味着自己做出更高目标的选择，同时就要接受由此带来的孤独与艰辛，充分做好“高处不胜寒”心理准备，要有“甘坐板凳十年冷”决心和毅力。

第二境界是“衣带渐宽终不悔，为伊消得人憔悴。”借以说明做学问是一个在崎岖道路上探索求真的过程，需要艰辛付出、坚韧不拔的努力进行量的积累，告诫学生做学问决不能“投机取巧”，搞“速成快餐”，为此才能做到“不写文章一字空”。

第三境界是“众里寻他千百度，蓦然回首，那人却在，灯火阑珊处。”借以说明做学问通过“第一境界”“第二境界”量的积累达到质的突破与飞跃，使学问进入一个新的发展阶段，博士研究生毕业论文是这一境界成果的集中体现。

可以说余老师借用这“三境界”，形象而完美地诠释了学问之道，道出了学问之所以成为学问的基本规律，对我的教职生涯产生了深刻影响，也成为我一生教职生涯求真悟道的不二法则。

授业

“学高为师，身正为范”是余老师对我这个做专业教师的学生常说的一句话。我在厦门大学的住所（大南16号楼）与余老师住所（敬贤楼）距离很近，到余老师家步行只需三分钟，这为我到余老师家求教提供了极大便利。记得1999年10月国庆假期结束不久的一天，我到余老师家请教博士论文初稿的有关问题，余老师很高兴地和我拉起了家常，很关心地询问我太太和儿子的情况以及我的工作情况。余老师特别说到对我硕士论文的印象（余老师是我硕士论文答辩委员会主席），还鼓励我说文笔不错。说实在的，余老师的记忆力令我佩服和震惊，时隔五年，余老师对我硕士论文的选题和两处借用“诗词”的描述依然记得非常清楚。在和余老师轻松愉快的“拉家常”中，余老师特别强调说：“小贺啊，你是当老师的，要知道当一个合格老师很不容易的。”随后余老师教导我说“学高为师，身正为范”，但是做一名合格老师首先是要“身正”，而后才是“学高”，作为老师要“坚持首先做人，在道德情操和人格修养上率先垂范。”

余老师的教诲让我明白一个合格老师首先要学做人、做好人，守住人生的价值底线，要有兼济天下的使命感和责任心，以“良心”和“良知”驱动求真务实，教书育人。余老师的一生可以说以实际行动为“师者”树立了职业榜样，余老师的教诲让我受益终身，虽然我的所学所悟难及老师所予千万分之一，但在教书育人的工作中践行余老师的“师范”观成为我职业生涯的终极追求。

解惑

或许是因为和余老师的职业相同，我想我是余老师“解惑”受益最多的学生之一。从职业的角度出发，我对余老师关于管理会计人才培养和高层次人才培养与教育的理论问题等尤为关注，在反复学习余老师的相关论述中，不断感悟余老师的教育观、人才观和价值观及其当代价值。很多在我职业生涯中遇到的问题与困惑，都在通过学习余老师的学术思想和理论论述中而“拨云见日”“茅塞顿开”，现择几例与大家分享。

一是如何理解创新与发展。追求创新发展是每位学者和老师职业生涯的关键目标，甚至是毕生目标，但如何理解创新与发展的关系却是一个做学问的哲学问题，也是在工作中常常困扰我的问题。而在学习余老师关于管理会计方向博士生培养与教育的理论论述后，厘清了二者的基本关系。余老师在相关理论论述中指出做学问必须正确认识和处理的几种关系之一就是“继承与发展的关系”，即任何人做学问都不可能凭空而起，都必须吸收借鉴前人的学术成果才能实现真正有意义上的创新；发展必须以继承为基础，是在巨人肩膀上的进一步攀登。将两者综合起来看就是所谓“守正创新”，而非无源之水的“猎奇”。余老师的这论述，对纠正当代管理会计研究学术“工具化”、研究选题“猎奇化”倾向具有重要意义。

二是如何理解管理会计人才知识体系的博与专的关系。管理会计作为会计学专业的一个方向，本是一个“专”的问题，但是如何才能把“专”做好，是我自己曾经困惑的问题，余老师精辟的理论论述让我“茅塞顿开”。余老师指出，管理会计博士生的培养应以高素质的属于“决策支持系统”的“管理顾问”为培养目标。因此，管理会计人才特别是高级人才应该具备博、专、新的知识结构。这里的“博”是基础、是土壤，“专”是基础之上的技术与技能；没有“博”，“专”就失去了成长的沃土；“新”是指管理会计人才知识的“与时俱进”，以满足前瞻性顾问的需要。从当代管理会计理论体系、应用体系和人才培养的创新发展要求看，余老师的“博、专、新”知识结构是推动当代管理会计高质量发展的基本保障。

三是如何理解管理会计高端人才能力的构成问题，是我在现职工作中又一曾感困惑的问题。高端管理会计人才培养，是我单位的重要工作之一，但是如何在当今“大智云移数”环境下，抓住高端管理会计人才能力建设的“牛鼻子”，构建高端管理会计人才的能力要素，是我职责所及的最具挑战性的工作，而余老师关于“高层次人才创新能力的培养问题”的论述（详见《对高层次人才评价中几个基本理论问题的新认识》，载于《高等教育研究》，2006 年第 1 期），再次让我找到了解决问题的依据和路径。按照余老师的教育思想和理论论述，高端管理会计人才的核心能力是“创新能力”，这种能力“是运用创造性思维进行创新实践的能力”，“是一种综合能力，是一种以‘已知’为起点，由此及彼、由表及里地进行推陈出新，提出新理论、新学说，创造新成果的能力”。之于高端管理会计人才能力构成而言正是“牛鼻子”所在，具体的能力要素包括五个，即想象能力、质疑能力、记忆能力、执行能力和洞察能力。以余老师的高层次人才创新能力五大能力要素为指导，我们提出由前瞻能力、质疑能力、转化能力、自信能力和洞察能力五个能力要素为目标的、高端管理会计人才培养体系，为我国当代管理会计人才培养和教育储备提供了基本依据。

余老师不仅是我的博士导师，而且是我职业生涯毕生的光辉榜样。但我深知作为一名专业教师，我所学所悟、所用所行与余老师慷慨无私所赐所教相比，至多是海中取水一瓢，余生唯有锲而不舍地参学参悟方得心安。

感谢、感恩余老师的栽培与教诲！余老师精神永存！

一日为师　终身为师

——纪念我的恩师余绪缨教授

1997 级博士生　聂　桢

余老师离开我们将近十七年了，可是他的音容笑貌至今还历历在目，首先想起来的就是他那爱因斯坦般的满头银发、满脸慈祥的笑容。此刻，回忆的闸门像幕布一般徐徐拉开，在厦门大学读研和读博的两段日子就开始交错出现在我的脑海里，这里不妨与读者分享我所认识和敬爱的余老师。

一位生活简朴且惜时如金的老学者

1990 年的某一天，我和同学孟晓俊计划去拜访余老师，事先和余老师约好晚上 7 点半左右去拜访。那天我们准时登门，一进门就是不大的一间客厅，余老师引我们在沙发上坐下，在简短介绍和寒暄之后，余老师询问了我们在原单位的工作情况和来厦门大学读研的目的，其间还非常关心地询问起他的一位学生也是教我们会计的大学老师汪韵莉的情况，余老师告诉我们说汪韵莉老师是他的得意门生，当时我也是暗自庆幸自己是汪韵莉老师的得意学生，而且也成了余老师的门中弟子。很快，余老师就跟我们说他得进屋看书写东西了，请我们早回。我们意犹未尽地起身告辞，出门前瞥到余老师那间既是卧室又是书房的小小的一间屋子，半张床上堆满了书籍，窗前的那张书桌上台灯下也是满满的书籍和文稿。我印象中半张床都是书的恐怕就是纪录片里看到的毛泽东主席的卧室。那也是我第一次在现实生活中看到半张床都是书的房间了。第一次的拜访给我留下了如此深刻的印象，心中对余老师的崇拜和敬爱之情油然而生，余老师是我第一个见到的真正在书海泛舟的学者。

一位平易近人且风趣幽默的长者

余老师治学严谨、为人正直的品格为弟子们及校内外同行所熟知。然而，余老师也是一位平易近人、风趣幽默的长者。记得有一次，几位师兄弟们在余老师家里相聚，当时我还是在读研阶段，其中一位读博的师兄非说他是我的师兄，而我当时也是年轻好胜，非说自己是他的师姐，最后请余老师定夺。爱读金庸小说的余老师幽默地笑着说："按照武侠小说里写的，不论武功高低，只论入门先后。"就这样，我这个武功不太行的弟子就凭入门在先成了那位博士生的师姐。余老师授课间歇还会和我们聊起金庸的武侠小说，说起书中的人物更是侃侃而谈。我们明白，余老师也是有颗侠义行天下的雄心，否则也不会有那嫉恶如仇、抨击社会不公现象的豪言壮语。现在回想起来，那时年轻弟子们在余老师家里欢聚一堂、高谈阔论、海阔天空、激扬文字的日子真是美好。那段时光开启了我求学的道路，也为今后的人生之路铺下平坦而坚实的基础。

余老师的半张床像毛主席的床，还有一点也像毛主席，那就是都爱吃红烧肉、爱吃肥肉。有次，我从杭州回厦门大学，给余老师带了点杭州的特产东坡肉，余老师尝过后赞不绝口，称赞不愧是大文豪又是美食家苏东坡的独创。那时师母不允许他多吃，因为余老师血脂有点高，余老师就更想多吃一块。我笑问余老师，下次还能给您带吗？余老师像个孩子般腼腆地笑笑说，偶尔吃一点问题不大吧。

图1　2007 年 1 月，在老师家里，我与余老师合影

一位治学严谨而兢兢业业的学者

1993 年上半年，我撰写硕士毕业论文阶段，正是余师母病重住院时期，当时我心里还有点担心余老师可能顾不上我的论文审阅，也为他的身体健康担忧。其实，是我多虑了，余老师在我的论文上批注了很多需修改的地方，包括对论文架构的修正以及对论点论据提出的意见和建议等，甚至连标点符号都修改了。看着那熟悉的、端正娟秀的字体，我心里为自己多余的担忧而感到羞愧。除了书面修改意见，余老师后来还当面再次对我强调论文的撰写要点及答辩需注意的事项。我的内心为余老师如此严谨的治学精神而深深震撼，这才是一个专业学者应有的态度啊，当时作为一个大学讲师的我，深刻体会到自己要向老师学习的地方太多了。现在回想起来，如果没有余老师如此细致的审阅和指导，我的硕士毕业论文答辩不会那么顺利就一次过关。后面博士论文的指导，余老师还是那么严谨、悉心。尽管已是八十多岁的高龄，余老师没有改变他一生兢兢业业、严谨治学的工作作风，身体力行他自己的座右铭："板凳甘坐十年冷，学问不做一句空"。余老师岂止是坐了十年的板凳，是倾其毕生精力。这样一位导师能不让人敬畏吗？无论是他宝贵的治学精神还是他对功名利禄及物质生活的无欲无求，哪一方面不是值得我们这个时代的人应该学习和追求的吗？

记得有一次，余老师组织我们翻译一本财务管理方面的书籍，翻译之前，余老师把我们召集起来给我们说明翻译要求，一再强调翻译的三原则，即"信达雅"。余老师博古通今，常常给我们讲民国时期、新中国成立初期会计大家的故事，还时不时吟诵古

图 2　参加学术活动后与余老师合影

诗，一时兴起，还即兴作诗，往往是信手拈来。

一位乐于帮助弟子成长且关心弟子生活的长辈

硕士毕业后，我有希望留在厦门大学当老师，余老师也希望我留下来，但是因为各种原因我还是返回了杭州电子工业学院。后来我有意申请去国外深造，通过电话恳请余老师为我写推荐信，余老师很高兴地一口答应下来，还祝福我将来学业有成，回来为国效力，后来因为身体原因未能成行。1997 年，我再次向余老师申请考他的博士生，余老师还是一如既往地表示欢迎，嘱咐我好好准备考试。非常幸运，我顺利地再次考入厦门大学读博，再次有机会当面聆听余老师的教诲和指导。2000 年，我博士毕业，当时博士还不多，女博士就更少了，人们戏称女博士是男人、女人之外的第三种人。2000 年，通过考试我被深圳证券交易所招募进去，作为第一批为开设创业板而招募的人才，和我同时招进去的还有好几个厦门大学会计学的博士生、硕士生。我深知我能如此幸运考进证券交易所，投身资本市场一线工作，与厦门大学会计学系余绪缨教授的博士生这个荣耀的光环分不开。当然，这个光环只是一块敲门砖，后面的工作还是需要不断学习和努力，但前期的学习基础为后面的工作开了一个好头。

记得我有次出差到厦门，去余老师家中拜访他老人家，老人家非常开心健谈，对我嘘寒问暖，不仅问工作情况，还问及生活是否如意。得知我一切都好，老人家甚是欣慰。后来得知，其实那次拜访，余老师已经身患癌疾，可是老师见到弟子来访，精神特别好，特别健谈，还主动要求与我们合影。现在回忆起来，仿佛就在昨天，余老师笑容满面地问长问短。经过多年的接触来往，感觉余老师就成了一个父辈，那么平易近人、关爱晚辈的长辈。我何其有幸，两度成为余老师的弟子，六年的时光不长，但余老师对我的关爱和教诲确是照亮我一生的明灯。

也是借由余老师，我与众多的师兄弟姐妹相识相知，从众多优秀的师兄弟姐妹身上学到了不少宝贵的东西，他们的杰出表现和对余老师的敬爱之心永远是激励我前行的动力。

师恩说无尽，师恩永难忘！我的人生中有幸遇到了余老师这么好的一位导师。他不仅是我学习生涯的导师，也是我人生的导师，是我一辈子最尊敬的人。如果说每个人生命中必有贵人相助，那么余老师是我人生中最大的一位贵人。

一日为师，终身为师。永远怀念您，我永远的余老师！

桃李不言　下自成蹊

1997 级博士生　丁　鹏

余绪缨先生作为中国管理会计的奠基人与开创者离开我们已经十七年了，但先生开创的管理会计事业、基础性管理会计与战略性管理会计并重的管理会计思想、数十年不断跟进世界管理思潮与融合东方管理智慧的管理会计论文与教材体系仍是我们会计从业人员不断温故知新、吸取营养、应对当前纷繁复杂管理要求的巨大宝库。我在 1995 ~ 2000 年有幸投入先生门下，先生孜孜不倦的治学身影至今仍然在鞭策我的学习与工作，先生富有前瞻性的理论创新与实践预言仍然启发我在保险行业开展业财融合的实践与探索。

先生数十年如一日的学习与奋斗精神一直激励着我前行。我入师门时先生已年过七旬，功成名就，但他仍然以“老牛自知夕阳晚，不用扬鞭也奋蹄”的精神执着地努力着。他密切跟踪管理会计在国际上的最新进展，并结合中国的管理实践思索如何提升中国自身的管理会计层次与水平。印象最深的是，1995 年先生赋诗“老矣原知步履艰，盛世不愿此身闲，传道授业心犹壮，志士何尝有暮年”自励，组织完成“以作业成本管理为基础、以作业成本计算为中介、以现金流动贯穿始终的管理会计体系”研究后，马上就投入到知识经济对管理会计的影响、战略管理与战略管理会计、行为会计等管理会计前沿问题的研究中。先生常说

“还有好多活没有干完”，每天坚持浏览文献，笔耕不辍，几乎每天伏案工作八九个小时甚至更多，这些如果离开了对会计事业的热爱以及对推动管理会计发展的使命感与责任感是做不到的。先生为保持英文水平，每天听 BBC 等英文广播半个小时，坚持翻译自己的学术论文，常年的积累使得他在七旬后仍然能够发表许多英文论文、参加国际学术交流。即使在生命中的最后住院时光，先生仍然因未完成某项工作久久不能释怀。先生生命不息、奋斗不止、严于律己的示范是我们作为学生辈人生努力最好的榜样与指路的明灯。面对我们人到中年后不可避免的职业倦怠感，只要回想先生当年的耳提面命、率先垂范，只能以虽不能至、心向往之的态度努力调整与改变，这个是我们学生辈永远最宝贵的精神财富。

先生是一位具备深厚的国学修养、学贯中西的会计学者，得益于深厚的家学渊源，先生对中国古代的经典典籍颇有研究，晚年更是将中国古代管理思想与管理实践结合，将其作为有中国特色管理会计体系的重要组成部分。先生终其学术生涯始终将中国传统文化中的优秀成果在会计研究中发扬光大，强调会计教育与会计实践必须坚持人本观、人和观、义利观、诚信观与荣辱观，将管理会计的人文化作了系统的总结梳理与阐述。1997 年，先生将孙子兵法中“上兵伐谋”“制人而不制于人”“知彼知己，百战不殆”“兵无常势、水无常形”等古代军事思想与现代商战中“重视竞争优势来源于整体优势”“极端重视多样化信息的作用”“透过信息表象找出内在规律”等现代企业管理思想相结合，研究“柔性管理的发展及其思想文化渊源”，并将其作为应对工业经济向知识经济转变时期现代管理会计面临冲击的重要工具。先生同时希望发挥我国优秀文化传统中“天行健，君子以自强不息”的创新精神，推动会计由一门技艺向管理艺术转变，鼓励财务人员从单纯的账房先生成长为企业决策者运筹帷幄的参谋与助手，实现“由技入道”。先生上述会计人文化方面的思考与总结，使得中国的会计思想史在国学与西学之间、理论与实践之间有了重要的传承与发扬，也在不同的领域管理思想实践方面得到了广泛的验证。我在保险行业多次在财务精算条线与销售条线之间进行转换，在保险行业尽量用好“费率的非线性、费用的非线性、资本占用的非线性”，在尊重客户与队伍基础上进行业财融合配置资源、复盘管理过程，避免简单粗暴而机械的动作管理与考核牵引，先生的“由技入道”一直是我思考与探索追求的方向。

先生始终推崇管理会计科学的实用性以及会计教育的“学以致用”。与目前主流的会计研究方法“实证研究”不同，先生在研究中非常强调学术思想本身以及学术思想在企业经营管理中的运用。先生早年就从会计的“阶级属性”脱身，强调会计是一个信息系统，管理会计的主要任务应由执行性会计向决策性会计转变。我认为先生在多个维度扩展了管理会计的实用性：一是改变传统会计服务于企业一元决策支持系统的局面，将“眼睛向上”与“眼睛向下”相结合，构建服务于民主管理、战略管理的二元会计体系；二是将会计信息由单纯的财务信息扩展为包含质量成本会计、人力资源会计、信息资源会计以及行为会计等内容在内的广义的会计内涵，强调企业业绩评价与激励的对象不仅包含财务业绩，也包含非财务业绩。同时，为普及管理会计思想，先生在会计教育实践中非常重视教材的更新，每三到四年就对管理会计教材进行全面的重新审视与拓展，确保会计教材能够涵盖最新国际管理会计研究成果，这种与时俱进的精神是非常难能可贵的。先生对会计定位及会计思想普及推广远远领先他所在时代，也一再地在会计实践中得到验证。当前数据科学领域日新月异，大数据、云计算、数字孪生等得到广泛运用，对传统财务会计与管理会计的影响都到了不变革不足以维持生存的程度。会计想要作为合格信息系统需在与整个企业数据战略的竞合中必须作出巨大而艰辛的改变，传统树形结构的会计科目信息体系远远不能满足需要，急需在原子化的信息节点就将业财等信息进行以宽表为载体的数据整合，并且以数据湖仓一体的方式实现热待机处理，可以适时进行情景模拟、压力测试、历史复盘等决策过程。同时 ESG 等披露要求也对先生提出的宏观管理会计、战略管理会计及表外信息管理等方面有了体系化的实践。我们后人学习先生的会计思想需在先生敢为天下先的精神指引拿出适应新环境、服务新要求的解决方案。

先生作为会计学的一届泰斗，坚持学者的独立与刚直，一生不谙曲学阿世之道。其“板凳甘坐十年冷，文章不写一句空”的学术风范是我一生学习与追随的目标。希望在这个巨大变革与挑战的时代，先生的管理会计思想、会计人文化思想能够以新的形式、新的实践谱写出新的篇章。

怀念余绪缨老师

1998 级博士生　刘运国

余绪缨先生是我的博士研究生导师，余老师离开我们已经 17 年了。今年是余老师 102 周年诞辰。记得那是 1998 年 5 月份我参加完厦门大学博士研究生入学考试后的一天，我第一次见到了余老师。那是在厦门大学南普陀寺那个门外的街道上。这个街道当时“烟火气”比较浓，也有书店和其他一些卖纪念品的小店，是厦门大学师生经常逛的一条小街。让我永远难忘、怀念余老师的第一件事，就是余老师公正、正直的品格使我的考博梦得以实现。这个故事有一点长和曲折，但我还是要讲一讲，因为这对我是刻骨铭心的，影响终身的。

我是 1998 年考上余老师的博士研究生的。1998 年，对于我来说，是一个充满困难和挑战的一年，也是充满机遇的一年，是我学术生涯乃至整个人生重要的转折点，不能不让我终生难忘。这年的春节，从湖北、湖南到广东，遇到前所未有的冰冻降温天气，广州的天气也特别的冷，我们要回武汉老家过年，但很不顺利。当时广州火车站人山人海。因为天气原因火车普遍晚点，我们在广州火车站的铁长椅上待了整整一个晚上，后来 4 岁的孩子病了，70 多岁的老岳父也病了，我爱人也感冒了，我自己也感冒了，全家人都病了。而且老丈人此后一直高烧不退，在广州，我们看了几家医院，也没有好转，后来检查是感冒，转肺结核。

1995 年，我硕士毕业到广东商学院（现为广东财经大学）会计学系当老师，1997 年评上了讲师。当时我就想，自己在高校了，要教大学生，觉得自己知识和能力还是很不够，应该去读个博士。我们硕士毕业的时候，几位同学畅谈未来，当时，我就有这个想法。记得 1997 年，我就报了厦门大学余老师的名，但余老师太有名了，是如雷贯耳的大师，在我们心中真的是高山仰止、神一样的存在。因自己心里比较胆怯，加上刚刚工作不久，孩子又太小，工作也很忙，没有去实践。这怪不得别人，只能是怪我自己缺乏勇气。因为老岳父生病，持续一个多月高烧也不退。当时刚来广州工作不久，收入也很低，困难很多，也不敢想去坐飞机。后来决定全家回武汉去。因为爱人的姐姐在武汉理工大学工作，武汉医疗条件还不错，人事上大家也比较熟悉。于是，我决定这个 1998 年春季学期跟学校请假，全家回武汉去。刚决定不久，记得是 1998 年的 4 月 5 日清明节，在武汉郊区老家的三哥就突然给我电话，说我们的老父亲因为车祸去世了，当年父亲 76 岁，身体平时很不错的，要不是这个突然事故，应该可以更加长寿。每当想到这里，我心中就感到非常悲痛和内疚。我的武汉老家是武汉郊区洪山区九峰乡，武汉的严西湖畔，离现在的高铁站“武汉站”不远。但当时实际上也是农村，也很穷。父亲是在做小生意的路上，因车祸去世的。听到三哥的电话，我一下子缓不过神来，感觉好像天都要塌了。过了很久才镇静回来，我决定自己先回武汉。后来，爱人与我商量，老岳父也病成这个样子，还是全家一起回武汉去吧。后来，我们全家回到武汉，安顿老岳父到武汉理工大学校医院先观察治疗，我回郊区老家处理我父亲的后事。我至今还记得，那年 4 月 6 日下午我从武汉九峰公墓走回家，天下起很大的雨，我全身都淋湿了，我自己都有点麻木了，有点像刚从大雨滂沱、血肉模糊拼搏的生死战场上回来的战士，感觉整个人得到了从未有过的刻骨铭心的洗礼。我本来也有点感冒，但通过这场雨淋后，我的感冒就奇迹般好了。大概一周之后，我处理完父亲的后事，回到武汉理工大学校医院，但老岳父的高烧仍然没有退去。怎么办？我当时就果断决定，救人要紧，老人家年纪大了，不能等，必须送更好的医院。我现在想，处理完父亲的后事以后，我好像突然变得更加冷静成熟、行事果敢、执行有力了。很快，我们把老人家送到湖北省人民医院，经过大概半个月的治疗，情况好转了，老爷子的烧总算是退去了。艰难困苦，稍得喘息，感觉是那样的美好。有爱人和她姐姐照顾，儿子感冒也好了，看到孩子，老爷子开心，慢慢好起来，我终于松了一口气。我就又开始想考厦门大学博士这件事情。当时，心里很犹豫，因为已经是4月中旬了，离厦门大学博士研究生考试的时间5月8日还有仅仅不到半个月左右，按照正常准备，时间是很紧的，去考，实在是信心不足，把握不大。不去考，心里面又很不甘心，一方面已经耽误了一个学期的工作，另一方面报名都报了两次，去年放弃了，今年再放弃，的确心有不甘。犹豫了挺久，后来想清楚了，也许1998年就是上天对自己的磨炼和考验，所有艰难困苦都叠加在一起来，来都来了，推不掉的，我豁出去了，必须去拼搏一把，不管结果如何。最近线上听中国总会计师协会刘红薇会长（财政部原部长助理）给央企总会计师们讲，有的时候，我们真要享受过程，不要太看重结果，认定对的，就要大胆去做。想想这些切身经历，还真是这样的，感同身受。

在离厦门大学1998年5月8日博士研究生考试还有仅仅半个

月左右时，我离开武汉，为了节省时间，咬咬牙，买了飞机票直接飞到了厦门大学，通过当时的广东商学院同事，认识和联系了当时在武汉理工大学工作，同时在厦门大学读博士的石本仁教授，当时他正在武汉家中撰写博士论文，他在厦门大学的博士研究生宿舍铺位正空着，我就借用了他的铺位，这个铺位的下方住着石本仁教授同班同门博士同学谢德仁教授（现在是清华大学经济管理学院教授)，当时谢德仁教授正在撰写他的博士论文。他当时在厦门大学研究生中非常出名，硕士阶段就在《经济研究》发表了论文，博士论文被评为全国百优论文。跟男神一样的同学同居一室，共同学习，现在想来，那简直就是上苍的特别恩典，是多么荣幸和难得的缘分。至今，我和谢德仁教授还是经常联系的好朋友，虽然当初他对我是否能考上博士研究生的分析没少“打击”我。的确，我的基础相对来讲，太薄弱了。当时考博士的竞争对手同学太强了。他的分析让我更加冷静，看到自己的不足，需要更加努力。我已经经历了那么多的磨难，再失败一次，在我心中已经不算什么了。我已经做好了万一考不上就继续平静地回广东商学院当老师的准备。也就是把最差的结果想透了，现在就是奋力一搏。从最坏处着想，往最好处努力。想起来，这个切身的体验和感受，真正通过实践体验记住后，是受益终身的。人生旅程中，攻克任何难关，都莫不如此。我当时每天早上和晚上去厦门大学操场跑步，很有规律地备考生活，认真仔细复习。按时参加了考试，英文也过关了，好像超过了3分；专业课也很不错，余老师给我的分还挺高的。考试的结果是后来才知道的。当时考完了，我要感恩谢德仁教授，请他去外面吃个饭，感谢他半个月来的陪伴和指导。本来也想请石本仁兄，可惜他当时一直在武汉。也许是缘分吧，我们两人刚走出去厦门大学南普陀校门几步，在街上就碰见了余老师，谢德仁与余老师本就认识，我只是在书上见过余老师，鹤发童颜，精神矍铄。初次见面，余老师很和蔼，感觉他很了解我的情况，知道我曾经在吉林的长春税务学院（现为吉林财经大学）读过硕士，也工作过，询问我也很仔细，感觉很亲切。见到余老师，我很高兴，也很惶恐和忐忑不安。考完后，我就回广州了。后来，又参加了面试，余老师亲自参加，记得是贺颖奇师兄做的秘书，这是我第二次见余老师。得益于我已经有 8 年的企业工作经历和实践体验，自己感觉回答余老师的问题还可以。然后，回去等结果了。等了很长时间，而且等的过程中，已经听说其他几位同考的考生同学已经基本录取了，但我却没有任何消息，自己估计也没太大希望了，回去安心工作吧！后来，我通过当时的长春税务学院老师于长春教授介绍，认识了当时在厦门大学研究生院担任副院长的著名会计学教授曲晓辉老师，我们也是吉林财贸学院（吉林财经大学的前身）的校友，曲老师当时已经是全国非常知名的教授和博导。我记得，我当时是带着非常惶恐和忐忑的心情去拜见曲老师的，就是想咨询一下情况。但曲老师非常好，真是像一位大姐，给了我重要的鼓励、信心和希望。她非常客观地告诉我，我的成绩，包括总成绩和英语成绩，单科专业成绩都达到要求了。根据我当时成绩的排名，正好录取了我前面的考生，到我就没有指标了，非常遗憾。同时，她也告诉我，目前（当时）我们国家会计教师队伍的学历普遍还不高，有博士学位的会计教师非常稀缺，国家（学位办）正在考虑到这种情况，有可能会增加指标。后来，果然，1998 年，厦门大学研究生院获得了国家学位办给增加的 5% 博士研究生招生指标，正好会计学科增加两个指标，给了葛家澍老师一个，给了余老师一个。余老师要了我，我就这样被录取了。经过千辛万苦，如愿以偿，心里非常高兴。非常感谢余老师的厚爱，感谢一路帮助我、鼓励我、鞭策我的老师和朋友们、一路支持我的家人。如果按照现在一些学校看出身（要“985”或者“211”高校本科和硕士毕业）的不太公平（公平最重要的是起点和机会的公平）做法，我是万万无法读上厦门大学的博士，更万万读不上全国名导师的博士，更加万万成不了余老师的学生。从此开始，我的人生，特别是学术人生就翻开了柳暗花明般的崭新的一页。

我把我的考博经历写出来，首先，是怀念和感谢余老师！感念余老师公正、正直的高贵品德！这也是我初识余老师的经过，我考博以前没有厦门大学学习经历，更没有“985”或者“211”高校学习经历。以前也从没有去过厦门，也从没有见过余老师（除了在书上）。我先后读过电气自动化、工业经济管理、会计学三个专业，干过八年电气工程的企业技术工作，读了三年全日制硕士，当了两年广东商学院的会计老师。生性愚钝、资质平平。没有余老师公正、正直的品格，我想我到厦门大学跟余老师的读博梦想是很难实现的。其次，今天我也是博士生导师，每年招生之前，看到有不少同学都焦急地给我们写邮件，询问指标的问题。还没有去做，就过早想结果，让自己压力过大，焦虑万分。我想说的，其实还是老话，相信老师们是公正的，相信自己的梦想。有梦想，有理想，大胆地坚持，去执着地追求就好了，享受过程，功夫到了，想要的结果是水到渠成的。该是你的，它跑不掉；不该是你的，想也没用。我写这篇纪念余老师的随笔，如果对今天的年轻学子们有丁点儿的启发和帮助，就感到十分欣慰了。

第二件事，就是余老师严谨细致的学风让我印象深刻，并深刻影响着我。有两件具体事情我记忆很深。一是我的博士论文初稿 2001 年 6 月初出来后，我到厦门大学去送给余老师看，余老师当时已经 79 岁近 80 岁高龄了，但余老师仍然孜孜不倦，一个字一个字地审阅，并帮我修改，花了大概一周左右，我应招去厦门当面聆听余老师的修改意见，看到余老师逐页逐字批注，我至今回想起来，还是非常感动。记得在余老师建议下，我的博士论文初稿删掉了两章。余老师还特别给我讲解 Just - In - Time 这个英文术语要翻译成为“适时制”，而不是“及时制”。说为了这个，他曾经在国际会议场合与台湾同行辩论，最后台湾同行同意了他的看法。的确，“适时制”的翻译更加适合“满意准则”，也更准确。二是当时我和另一位博士同门同学同住厦门大学研究生凌云楼 404，这位同学当时是余老师的科研助理（我当时属于在职博士，没有给余老师当助理的机会），他经常把余老师写的教材书稿及有关余老师交代的信件等拿回来协助校对，邮寄处理。因同处一室，我也时而参加看看。我看到余老师对教材和文章每一个标点、每一个字都是一丝不苟的，余老师认真负责的严谨治学态度，我们都深受感染。我印象深刻的是，余老师当时担任中南财经大学（现为中南财经政法大学）会计学博士生导师的专家评审工作，写的评审意见非常详细、非常客观和中肯，非常实事求是。其中看到 1998 年余老师给中南财经政法大学张龙平教授晋升博士研究生导师的评语。张龙平教授当年才 32 岁左右，但成果非常丰富，余老师写的评审意见也非常好。余老师没有因为张龙平教授太年轻就搞论资排辈，而是客观公正地支持年轻后辈的进步和成长。余老师做人做事做学问都是实事求是，保持认真负责的精神，坚持真理，不武断、不夸大、不歪曲，不断章取义，坚持真理，严谨细致、客观公正。余老师严谨细致的学风对我影响很大，也让我受益终身。图1是我博士论文答辩之后与余老师的合影。

图1　博士论文答辩之后，我与余老师合影

第三件事，余老师非常关心、关爱学生。有两件具体事情，一是我2002～2004年参加中央“博士服务团”挂职内蒙古期间，有幸与余老师第一位毕业博士孙宝厚大师兄一起在内蒙古工作。因为都是外派挂职干部，也常常有机会见面。我以前虽然知道孙宝厚师兄的大名，但此前从来没有见过。当时孙宝厚师兄是中央部委后备干部队伍挂职内蒙古的干部，他下去之前已经是正司长级领导干部了，到内蒙古后，先挂职内蒙古自治区党委副秘书长（正厅级），后挂职内蒙古自治区人民政府主席助理。我是中央博士服务团挂职干部，先挂职内蒙古财经学院（现为内蒙古财经大学）院长助理，后挂职内蒙古自治区人民政府金融工作办公室副主任。挂职期间，我有时候打电话给余老师汇报一下工作。余老师很关心我的成长，还嘱咐孙师兄多关心帮助我，让我深受感动。

二是我挂职结束回到原单位中山大学后，深感挂职两年后自己学术上的落后。想出国进修，其中中山大学有一个公派出国选拔机会，是去美国伊利诺伊大学厄巴纳—香槟分校（UIUC），需要知名教授的推荐信，想到余老师曾经访问过该大学，并且是这个学校国际会计发展研究中心一个知名刊物《国际会计学刊》的全球五位编辑政策部成员，就想请余老师给我写一封推荐信，余老师知道后，二话不说，非常支持，两三天就给我写成一篇客观公正、热情洋溢的英文手写推荐信，并吩咐刘俊茹师妹（当时好像担任余老师科研助手）发给我。虽然最后我没有被选拔上。但余老师对我学术上真切的关心帮助提携之情，至今仍令我难忘。这封推荐信现在原件保存在中南财经政法大学会计博物馆里（应郭道扬老师邀请，我捐赠出来），但我保留了全文的电子版本。

推荐信内容如下：

Recommendation

Dear Sir/Madam：

Doctor Yunguo Liu，received his PhD degree in 2001 from Accounting Department of Xiamen University in China，had been worked for Chinese industry enterprises for eight years，including experiences in Chinese General Tax Office. Hong Kong accounting firm，finance working office of Inner Mongolia Government（Responsible for security work and promoting enterprises in Autonomous province to be listed）. With abundant working experiences of Chinese enterprises，

Doctor Liu has got in-depth understanding on business management, finance and accounting. Since 1995, Doctor Liu has devoted himself on teaching and research on modern cost management and financial management. Keeping broad academic sight, he has published academic papers closely relating to his research orientation on Chinese economic and management magazines like *Accounting Research*, *Finance and Accounting Communication*, *Contemporary Finance and Economics*, *Accounting Periodical*, *Guangdong Finance and Accounting*, *Taxation and Economy*, *Journal of ZhongNan University of Economics and Law*, *Scientific Research Management*, *Scientific Management Research*, along with monographs of "Application on Empirical Research Method in Modern Management Research" and "Management Accounting Forefront" (co – author). These publications show that he has been persisting in improving his theoretical achievements and his capacity of applying theoretical knowledge to solve complicated practical problems. Some of his distinctive views and opinions embodied in his books and papers are very attractive in Chinese management accounting circles. In addition, his translation of "Application on Balanced Scorecard in Government and non-Profitable Organizations" also created broadly influences. More recently, Doctor Liu has conducted and accomplished two university research projects, two projects for Guangdong Finance Office and has been regarded as a major member participating in one national social and scientific fund project, one national natural scientific fund project and one Chinese Finance Ministry research project. In view of his good academic moral, solid academic foundation, sufficient research experiences and strong research ability on management and accounting, as well as his ambitious spirit, accountability and teamwork spirit, proficiency in English, I have no doubt that he will win great success in completing the visiting programs arranged by your University and becoming an excellent scholar in the future. So I would greatly appreciate your kind consideration of his application.

With my best wish and regards.

Sincerely yours.

Yu Xuying Yu Xu-ying

Distinguished Professor in the Humanities, Xiamen University

PhD Supervisor and the Academic Guide of Post-doctoral Research Fellows of the College of Management, Xiamen University

Advisor, The Accounting Society of China

Advisor, China Accounting and Finance Research Center of the Hong Kong Polytechnic University

Former Board Member (1989 – 2001), Editorial Policy

Board of "The International Journal of Accounting", University of llinois at Urbana – Champaign.

第四件事，余老师热爱生活，对人坦荡、真诚，开朗，具有高雅、丰富的生活情趣。我刚入余老师门下后，虽然是在职攻读博士，但我是通过非常艰苦的努力才换得这个机会，非常非常珍惜，我在厦门大学读博期间全日制学习了近两年，只有第三年回到广州边上课边写博士论文。凌云楼外一下暴雨就从上面水库瀑布似倾泻而下的水流声至今仍犹在耳边。傍晚到厦门大学海边去游泳，晚霞照在海滩上，遥望鼓浪屿，看看辽阔的大海，心胸豁然开朗的感觉至今想起来就挺爽的。虽然我现在耳聋了（内蒙古挂职后就听小骨硬化，需要戴助听器），但一想起厦门大学美丽海边，耳边就会响起"鼓浪屿之波"的美妙乐曲。记忆很深的是，一次余老师在芙蓉湖边，今天的厦门大学"科学艺术中心"一个讲学厅做讲座，余老师谈笑风生，引经据典，诗情画意，讲得非常生动，当时座位不够坐，走廊里面，窗户外都爬满了同学。我是得到消息后专程坐了一个晚上的大巴，从广州赶到厦门大学去听的。讲座结束，老师同学们都意犹未尽，很多老师同学陪余老师走了很久，我这个后学都近不了余老师身边。不过，我是真切感受到余老师大师的魅力。后来，我到中山大学工作，每逢回到厦门大学，就去余老师在敬贤楼的家看望余老师，并与余老师聊天。有一次，我说，您年纪大了，应该多出去走走，也去我们广州走走！余老师说，"生命在于运动不假，但关键是脑子的运动"，余老师 80 岁高龄后，仍每天看英文电视节目，读书，写文章，笔耕不辍。后来，我在 2001 年深圳大学参加了余老师弟子们给老师做的80岁祝寿活动。2005年，我也参加了在厦门国家会计学院举办的余老师从教60周年的学术纪念活动，这次活动，我把儿子也带去了，好多年因为工作太忙没有回到厦门的孙宝厚大师兄也从北京回到厦门参加了活动。弟子们群聚，大家谈笑风生，尽欢而散。余老师诗兴大发，还赋了诗。这是我看到的余老师最愉快、最开心的时刻之一。图2是论文答辩之后，当年答辩学生与答辩委员及答辩秘书的合影，图3则是论文答辩之后，当年答辩学生与余老师的合影。

图2　论文答辩之后，当年答辩学生与答辩委员及答辩秘书合影

图3　论文答辩之后，当年答辩学生与余老师合影

现在我时常翻读余老师的诗文。每读一次，都觉得有新的收获。我明确意识到，我还未能登余老师的堂奥。哲人已去，空余著述。我虽进取有心，然心有余而力不足，因而更增加了对老师的怀念。一日为师，终身为父。余老师与我生身父亲同年。感谢上天的眷顾，1998 年我失去了自己的生身父亲，但却得到了人生和学术的导师。感恩是做人的基本准则。余老师对我是有大恩的。我也时常提醒、检查、勉励和鞭策自己，不要忘记对自己有帮助的人；学会忘记你曾经帮助的人。专就余老师而论，我只有努力学习他的著作和文章，努力宣扬和继承他的学术思想和学术精神，把学问做好，把学生培养好，把余老师的高尚品德和精神发扬光大传承好，就是对余老师师恩最好的报答和怀念。

我心中的余先生

1998级博士生　王　剑

余先生离开我们已经有17年了，但他对弟子们的谆谆教诲和音容笑貌仍时常浮现在我们的心中。与余先生结缘是我本科三年级时的一门选修课，我本科学的是数学，但学完拓扑学之后，发现自己终究不是学数学的料。因此，选修了一门管理会计课程，课程用书正是余先生编著的《管理会计》（中国财政经济出版社，1990年出版）。该书首次提出把现代管理会计作为一门新兴的综合性交叉学科，将现代化管理与会计融为一体，让我读得如痴如醉，给我人生打开了另一扇窗，也让我萌发了考取厦门大学会计学专业研究生的梦想。在1994年的夏天，我义无反顾地奔赴厦门，仿佛冥冥之中有一股神秘的力量向我召唤，这力量的源泉就是余先生编写的《管理会计》。

考入厦门大学会计学系后，我的导师是毛付根老师，正好他是管理会计方向，也有机会见到余先生。记得首次见到余先生是给他送一批信件。当时余先生家住在敬贤楼三楼，余先生已经用过晚餐，正在书房看书，书房和客厅中满屋都是的高耸的文献，着实令人震撼。初见先生时，先生满头白发，仿佛皑皑白雪坐落在高山之上。因此，在我的第一印象中，余先生除了是个学富五车的大师外，我更觉得他是金庸笔下的一位大侠。当时正好晚上7点多钟，陪余先生看完新闻联播，他会针砭一下时政，然后立刻送客进入书房看书。后来，也多有机会去余先生家拜访，每次见到余先生，他都在看资料，写文章，他自己说总觉得时间不够用，虽然他那时已经有 70 岁的高龄。后来，得到先生垂青，1998 年又攻读了余先生的博士，和余先生有了更多的接触机会。

在我记忆中比较深刻的有两件事。一是余先生每年都会给国内外的学者寄明信片，余先生写字比较慢，但每次他都是亲自动手写。而且当时不少学者是国外的，因此，每年的邮寄费用也是相当大的一笔支出，但他持之以恒，每次我到信箱去给余先生取信，都能收到热情洋溢的回信。二是余先生对中国传统文化对于会计影响的研究在国内是独树一帜。1997 年，余先生应邀对伦敦吉尔德霍尔大学进行学术访问，并宣读了题为《文化对会计的影响》的论文。同时，余先生还应邀对英国赫尔大学进行学术访问，并宣读了题为《简论孙子兵法在战略管理会计中的应用》的论文。这两篇文章具有里程碑的意义，后来的不少会计学者据此展开了长期而深入的探讨。同时，余先生提出管理会计的技术与人文不是相互独立，而是相互交融的理论放在今天依然具有重大战略意义。

除了学术方面的指导，余先生还教给我们受用终身的道理。余先生提出了做学问的三种境界：第一境界，“昨夜西风凋碧树，独上高楼，望尽天涯路”，意喻治学之始，必须耐得住寂寞，高瞻远瞩，不断求索；第二境界，“衣带渐宽终不悔，为伊消得人憔悴”，意喻治学之过程，须坚忍不拔，执着隐忍，不忘初心，方得始终；第三境界，“众里寻他千百度，蓦然回首，那人却在，灯火阑珊处”，意喻经过艰辛探索，终有所悟，犹如醍醐灌顶，豁然开朗。

2020年，我接受余先生众弟子们的委托，给余先生铸造一个铜像，任务光荣且艰巨。在这一过程中，我也有幸接触并收集到余先生各个时间段的照片，对余先生有了更深入的认识。

1945年，余先生毕业于厦门大学之后，留校任教，因为他不太喜欢拍照，说是拍照要很严肃的表情，因此，早期的照片很少。在1957年和1959年厦门大学经济系会计学专业毕业的合照中，我们看到30多岁的先生。1957年的照片中，余先生没有对着镜头，戴着一个很时髦的帽子（如图1所示），而且那时也没有戴眼镜，表情严肃。而在1959年的照片中，很有趣的是，余先生也是朝着同一个方向，正襟危坐，颇为严肃（如图2所示）。

图1　余先生与厦门大学经济系会计学专业1957年毕业生合影

我们同时也发现了另外一张老照片，非常珍贵的是那张照片中年轻的葛家澍、余绪缨和常勋三位先生同框（如图3所示）。照片中，余先生与葛先生站在一起，都戴着帽子，非常时髦，表情轻松。而且，余先生的裤脚还是卷起来，估计是刚下过雨，走过来的时候拍打湿裤脚。地点应该是建南大礼堂后面的台阶。时

图 2　余先生与厦门大学经济系会计学专业 1959 年毕业生合影

图 3　葛家澍、余绪缨和常勋三位先生同框

间预计在 1953 年以后的某次教职员工春季聚会，因为站在中间的是当时的系主任萧贞昌先生。为什么说是 1953 年以后，因为站在最右边的穿大衣的常勋先生正是 1953 年调到厦门大学任教。

在照片中，余先生在平常时都是和蔼可亲，非常关心学生。1994 年 12 月，余先生在深圳讲学，正好厦门大学会计学系何凡博士和吕露同学举行婚礼，余先生欣然前往，并担任证婚人，给一对新人送出了良好的祝福。图 4 是余先生与何凡夫妇的合影。

图 4　余先生与何凡夫妇合影

余先生在学术场合更是神采飞扬，妙语频出。余先生也经常在各个学校做学术讲座，每一次讲座都是一位难求，晚到的学生都只能站着听。余先生风趣的语言和独到的见解，更是屡屡点爆现场的气氛。图 5 是余先生纵论管理会计人文化的情境。

图 5　余先生纵论管理会计人文化

我们参考了先生各个时间的照片之后，我们觉得余先生晚年的照片更符合我们心中的大师形象，因为余先生带第一个博士生的时候，已经有 62 岁的高龄，也正是学术成果最鼎盛的时期。因此，我们也以他晚年时候的一张照片作为塑像的基础。经过长达半年的准备，其间全国各地的师兄也纷纷飞到上海来还原先生真实的面貌。当余先生最后的塑像竖立完成后，众学生们聚集在先生的像前，仿佛又回到了熟悉的校园，聆听老师的教诲。图 6 是余先生的塑像模型。

图 6　余先生的塑像模型

功名何必问，风骨在人间。

愿余先生在天堂幸福!

吾　　师

——余绪缨教授

1992级硕士生/1998级博士生　郭晓梅

我于1992年硕士开始师从余绪缨教授，1995年毕业后留校任教，1998年在余老师门下在职读博，长期任教于厦门大学会计学系，与余老师晚年有较多的时空交集。在此回忆若干，以为纪念。

治学授业

余老师在硕士班开的是管理会计课。上课时，余老师鹤发童颜，精神矍铄，全程站立，挥洒自如，阐述其学术理论与观点，其于黑板板书，而我则于座前奋笔急记，密密麻麻。管理会计课程内容丰富，观点新颖，我犹如海绵入水，徜徉陶醉。当时老师已年近七旬，思路敏捷，笔耕不辍。其治学精神极大地鼓舞了学生，而其学术思想，更是影响了学生很多年。

余老师治学极为严谨，每每召集学生讨论课题，于学术上更是习惯亲力亲为，撰写并发表了许多论文。他曾经和我骄傲地说，他的论文，都是自己写的，不假学生之手。当时基本都是手工写作，没有电脑输入之说，反复修改抄写，工作量可不小。而余老师有几本管理会计教材，影响很大。修订时，余老师统筹全局，分配工作给同教研室老师和在学博士。他自己的部分，往往是要拿一本原来的书，亲自裁下需要部分，重新编排组合粘贴，并加上更新内容，形成手稿，再交助手送打字员输入。他人撰写的部分，他也要反复审阅修改。有时候改动太大，几乎等于他自己重写了。至于指导学生论文，那更是字字细看，大有对待自己书稿之势。余老师七旬时，仍把全部的精力放在学术研究和学生培养之上，每天笔耕不止，不愿意他人打扰。只有每天晚上 7：00 ~ 7：30 新闻联播时段，才是他的休闲时间，这时候也是他的学生可以上门拜访而不会打扰到他的时间。当然他的学生也会轮流上门交流。

尽管当时我只是硕士，不像博士那样和导师接触多，不过通过师门的小聚和交流，其实也大约知道一些状况。余老师毕竟是开门宗师，手上工作多。他会把这些工作任务，根据学生的不同特点分别分配安排。特别是全脱产的学生，总想着帮他们创造些机会。他聘的工作助理，基本上就是脱产在学博士硕士，他说，这样可以让学生有点收入，安心求学。另外，当学生就业有需求的时候，余老师也会尽量给予推荐。好些同门凭此进入心仪的单位或是获得了心仪的岗位。

余老师经常参加国际交流，以英文汇报论文。所以很重视学生英语能力。我 1998 年以几近满分成绩通过博士入学英语考试后，他真是开心不已，甚至有点四处炫耀，搞得我私下惶恐不安。后来，机遇来了。环科学院洪华生教授有个加拿大开发署项目，外宾来开讲座，内容涉及环境与经济管理，需要有经济管理类专业及英语双能力人员做翻译。经伟琪牵线，余老师推荐我去了。连续几天的现场会议，我除了做现场翻译，还兼会议小主持和科研，期间也参与了相关选题的讨论并阐述观点，合作单位很是满意。这个任务，对我产生了长远的影响。一是此后我多次承接了不同学科的会议现场翻译任务，吸收了多元学科体系知识。二是我踏入了环境管理会计的领域。在翻译和讨论的过程中，我发现了环境问题背后的经济逻辑，也体会到管理会计应用于其间解决问题的可能，加上理科研究团队的工作氛围熏陶，我选择了环境管理会计作为我博士研究的具体方向。之后醉心于此，大量查阅国外英文文献，追踪环境经济与会计发展的历史脉络，融会贯通并将管理会计理论体系融入其中，完成学位论文，并整理成学术专著出版，在会计学系和环科院开设环境会计课程，在 MBA 开设的环境管理课程（入选 BELL 优秀示范课程），以及和环科学院形成的长期的科研和教学合作等，都起源于此。可以说，余老师帮我打开了一扇职业生涯持续发展的大门。

图 1　博士论文答辩之后，我与余老师合影

传道解惑

我博士毕业后继续留校工作，和余老师直接接触反而比较少了。常和他接触的主要都是他当时的在学弟子。不过，有几次他叫了我。估计是因为我家离他家不过百米。有一次大约是快年底了，他忽然急吼吼地给我打电话，让我去他家。原来，他年前要寄出一批明信片给他国外交往的教授好友，交代了当时的助手张学弟，结果从早上忙到下午，进展缓慢。余老师是个急性子，怎么都坐不住了，所以让我过去救急。我简单了解情况后，心里有数了，安抚余老师，保证当天能处理好，然后带着两个同门离开他家到教室去做。收件人有一百多个，需要将联系地址一一整理出来，另外把余老师事先写好的对应的贺词找出来，放到明信片上就可以了。相关内容，其实学弟已经打印出来了，就差最后工序，一一对照粘贴整理到明信片上。于是我展开了手工流水作业，几小时后完成交差。回到余老师家，余老师终于重开笑颜，并细说缘故。这些国外友人，是他历次国外交流时结交的同业朋友，保持长久的联系，也是考虑要为学生们留条路，当学生有需要国外留学的时候，这都是现成的导师人选。哦，余老师早期弟子，例如陈国钢、陈双仁、陈胜群都有出国留学的经历呢。到 2000 年后，国门开放更大，学生出国需求确实多，甚至有些胆大的本科生都会想办法找到余老师来写推荐信，而余老师总是充分利用其广泛交往的国外联系，大力推荐，帮助学生实现其海外求学深造之梦。

在 1995 年的时候，会计学系出版了一套影响力很大的会计学系列教材。余老师是其中的管理会计和企业理财的主编。第一版写作时我读硕士，并未参与。到 2000 年再版修订时，余老师让我撰写了管理会计中环境管理会计一章，而企业理财学则分配给我和林涛担任副主编，并安排了较多的章节写作任务。正是这本理

图 2　博士论文答辩之后，我们毕业博士与余老师及答辩委员合影

财学，在 2005 年获得了福建省教学成果奖，这是我从教职业上的第二个省级奖项。到 2007 年出版社邀请进行第三版修订，当年 9 月老师去世，未完成的工作，就由汪一凡、林涛和我共同承接，得益于之前的参与，了解老师教材设计思路和工作方式，我们不辱使命。可以说，导师甘为人梯，奖掖后学，学生受益匪浅。到后来我应出版社邀请独立主编管理会计教材时，相关结构体系设计，仍深受参与余老师教材编写的影响。

2004 年的某一天，余老师又电话叫我去他家。这次比较严肃。他告诉我，会计学系班子要换了，学院出面选拔人才，征求他的意见，他推荐了我。我很诧异，余老师只好对我解惑。率真正直守矩，不热衷仕途。好吧，歪打正着。原来，余老师从前担任过会计学系主任，并有各种社会兼职，他在领导岗位时，治下极严，素有刚正不阿的美名。我当时负责本科教学工作，只需在本职范围内管好，公事上，与余老师并无直接交集。余老师每有公事，也就是通过官方渠道来解决。这也就大大消除了我如何平衡的顾虑。我谨记导师守矩教诲，勤勉工作就是，并无心他顾。在此期间，受余老师重视国际化交流与工作能力的影响，我也关注这个方面人才培养发展的进展。加上我长期兼职从事职业会计师工作，我看到了社会对国际化职业会计人才培养需求加大，于是经过香港理工大学一位老师牵线，ACCA 香港专人来访，最后系里经过讨论，确立了 ACCA 国际会计方向。

图 3　我与余老师和庄昆明合影

不过，那几年的会计学系，正是内忧外患之时，毕竟八十年之大船，于惊涛骇浪之中穿行，险象环生，据说余老师见不满之事屡有直接怒责。当然，不曾亲见，不过他的不高兴却也能感受得到。他在七三感怀里头一句："历尽沧桑路不平，从生白发气犹雄"，2005 年书赠余绪缨奖学金获得者时云："纵有浊浪连天涌，巍巍砥柱立中流"，当真道出了点点。

师生情谊

余老师一门心思扑在学问上，生活自理能力薄弱。家里的日常事务，是由师母操持的。我刚读硕士的时候，师母病重在一七四医院住院，当时两个高年级师姐协助照顾，后来也叫我过去帮了几次。每次，从学校这里陪着老师打车去到病房，陪着看看师母。就是陪伴。余老师生活上做不了什么，但是这日日的陪伴，便是他心意的表达了。只是最后这陪伴仍是没有能留住师母。师母过世后，余老师一人独居，生活极其简单，每天都是二女儿过去帮他量好米放进电饭锅中，他只需要到点一按就完成了。余老师膝下三个女儿，老大和老三都已经移居海外，老二在厦门大学工作，但离得有点远。他把学生当自己亲人看待。学生上他家待得比较晚了，他就留学生吃饭。我记得也被留过饭。他关心在学学生的经济状况、工作状况，也会过问学生婚恋状况，学生婚恋也会主动告诉或邀请老师。我记得有师兄携家带口回来探望时，老师高兴得好像是自己的后辈上门了呢。已毕业的学生取得了成绩，他每每以此为荣，并向在学学生反复夸耀。当然学生也敬他如父，他生病的时候，学生轮流到医院陪同，出院养病的时候，学生也日日上门查看他生活起居是否如常。他八旬过后，实在担心他独居生活不便，留在厦门大学工作的学生，干脆帮他请了个保姆。

余老师在 73 岁时书道：“莫道鬓霜人已老，尚期展翅遨长空。”七旬时他的工作量远远超过我们年轻人。到 2001 年国庆，师生于深圳欢聚一堂，给他办了个 80 岁生日会。除了我求学时候的上下级硕士博士，我还第一次见到了余老师 80 年代招收的许多学生，当面听说了那些弟子们当年的经历趣事。我们海阔天空，追忆往昔，畅谈当下，余老师显见得很开心。晚上学生们一起唱歌，他也参与其间，仿若返老还童。到 2005 年的时候，他从教

60 周年，在厦门国家会计学院隆重举办了个学术座谈会。当时他的弟子——审计署党组成员、总审计师孙宝厚博士以及中化集团总会计师陈国钢博士等近 60 名已毕业和在读博士生出席，此外还有曾经与他共事过的会计界不同岗位人士参与。余老手携中英论文各一篇参会，并喜作新诗，提到“喜见八方多才俊，从此无虑可息肩”。是啊，八旬老人了，事业有人传承，可以适当缓缓了。

余老师七旬期间，待学生以严为主，八旬后，待学生则较为亲和。我们当初求学时在他面前正襟危坐，而后面的学弟学妹入门时，也许是师生年纪相差大了，与他的相处，则更像祖孙。胆子大的，敢在他面前开玩笑，拿他打趣。全国各地学生共聚，完成学业工作之余，多次陪他共游万石园、东坪山，同他领略自然看学术以外的别样风景，而他也留下了相应诗词。终于在多年的以工作为唯一的紧张状态之后，他开始放慢了节奏，减少工作量，基本上就不怎么去外地交流了，搬到他女儿家同住。可惜再到后来，发现肝出了问题，保守治疗。到 2007 年 9 月临终前，各地弟子闻讯赶来，他淡定直面生死，留下“躯陷病榻虽无奈，心游天宇却从容”的诗句。一代大师，终谢幕离去。

薪火相传

余老师是厦门大学会计学系管理会计方向的学科带头人，不过在很长的时间里，管理会计在国内都属于冷门。直到 2014 年财政部《关于全面推进管理会计体系建设的指导意见》颁布，管理会计在国内才迎来了蓬勃发展的春天。此时距离余老师成为管理会计博导，已过 30 多年。可喜的是，30 多年里余老师培养出许多管理会计人才，分布各个岗位，繁星点点已汇聚成河。2013年，在时任管理学院院长沈艺峰师兄和会计学系主任桑士俊的推动下，管理学院与英国皇家特许管理会计师公会（CIMA）签署了战略合作协议，准备在本科启动管理会计方向班。我受命负责具体落地实施工作。借助这个方向班的建设，我们的管理会计人才培养，也开始紧跟社会需求的变化来调整。

80年代的时候，会计学系曾经设立了若干研究中心，其中就有余老师牵头的管理会计研究中心，不过多年变迁，机构早已不存。2014年借财政部文件东风，沈艺峰和傅元略师兄开始筹备建立管理会计研究中心，以传承和弘扬导师学术思想并发展管理会计。经过多方努力及陈国钢师兄的大力斡旋，中心终于取得了校级研究机构设立资格，不过，当时学校对机构设置建章立制，要拿牌需要满足一定课题经费要求。也巧，我当时刚好完成的几个大课题经费到账，于是中心终于正式获得运营资格，在各位同事支持下积极开展工作，2017年获得优秀校级科研机构表彰。

2021年，感怀恩师，弟子们集资竖立了余老师的铜像，2022年是余老师的百年诞辰，通过陈国钢、于增彪、孙宝厚等师兄的多方协调，借中国会计学会管理会计专业委员会的学术年会之际，管理学院与中国会计学会管理会计专业委员会共同主办，会计学系和管理会计研究中心共同承办，隆重举办了余绪缨的百年诞辰纪念会，弟子们同心协力，各界人士齐聚一堂，缅怀师恩，传承学术。参加者来自政界、学界、企业界，其范围甚大，影响甚广。而从会议参与者背景与论文发言等看，真的实现了管理会计在中国的传播发扬光大了。余老师将西方管理会计引入中国，并与中国实践融合发展提炼出现代管理会计体系，终于看到了全面开花的结果。陈伟琪赋诗道："赖有诸生，携手众同行。管会宗门薪火传，青史笔，白云乡。"余老师心可安矣。

余老师 1945 年从厦门大学会计学系毕业留校，到 2007 年去世，在会计学系从教 62 年，学生无数，成果等身。余老师这一辈子就是为会计学、会计学系、中国管理会计学而生的。

愿余老师的学术思想与治学精神永存！

情满中秋　难忘恩师

——深切缅怀恩师余绪缨教授

1999 级博士生　陈　龙

2022 年 9 月 10 日，是个好日子，教师节碰上了中秋节，正是家人朋友师生团聚、互致问候祝福的好日子。于我却还有着别样的意义。2022 年是恩师厦门大学余绪缨教授百年诞辰。15 年前的 2007 年 9 月，我三回厦门，每一次都是泪满衣衫。

坐在桌前，思绪被怀念之情包裹着，悠悠扬扬地飘回到那些与余老师有交集的年月。

第一次是以书会师。当时是 1995 年大四秋季学期，受先生刘钊的影响，19 岁的我下定决心从工科跨学科报考厦门大学会计学系的研究生。记得当时几经辗转才购得余老师和蔡淑娥老师共同编著的《管理会计》教材，一册在手，如获至宝。在这之前，本以为会计学无非就是“有借必有贷，借贷必相等”，没想到原来会计学里除了财务会计还有管理会计，会计不只是记账，更是管理信息系统，而且居然还有我喜欢也擅长的数学运算和模型分析！我如饥似渴地反复研读这本书。就这样，我“结识”了余老师，并于 1996 年入学，次年拜师蔡老师，1999 年师从余老师，分别攻读会计学硕士和博士学位。

第一次见到余老师本尊是在 1998 年系里组织的系列学术报告会上，余老师作为报告主讲人。当时看着余老师的鹤发童颜，听着余老师的江西乡音，顿时觉得天人下凡尘，原来可以如此亲切。

作为余老师弟子，我有幸在余老师身边做了些力所能及的基础性工作。余老师既是我的学业导师，更是我的人生导师。余老师一生倡导并践行的陈寅恪提出的“独立之精神，自由之思想”和余老师晚年提出的“三不”（不趋炎附势、不随波逐流、不投机取巧）深深地刻入了我的骨髓。在我看来，余老师既是遥不可及的学界泰斗，宁折不弯的正义卫士，也是待人慈善、爱人如己的邻家老人。以下我想更多从普通人的视角来追忆心中的余老师。

1. 极简日常

余老师的日常生活规律又简单。余老师淡泊名利不追求物质，行事光明磊落、坦坦荡荡。余老师常说，钱财乃身外之物，够用就好。

生活上，余老师坚持每天散步，开始是计时早晚各一小时，后来是拿计步器计量，每天总要走上数千步几千米。每天中午十二点至十二点半开始午休，一般情况下这段时间一律闭门谢客。每晚必看新闻节目，余老师说要看真实的新闻报道。天气预报是另一档每晚必定收看且记录的栏目。

饮食方面，余老师最爱吃的有卤蛋、红烧肉和芋泥鸭，其中卤蛋和红烧肉余老师在家吃得更多些，而芋泥鸭则是每次同学聚会、答辩聚餐等在外用餐时征求余老师意见时，余老师必定连说三声“好，好，好”的菜品。余老师每年中秋佳节都会在校内宴请亲友和学生共同欢度，以感谢亲友们的支持。

除了吃饭、睡觉、散步、翻阅金庸小说外，其余时间余老师分秒必争地伏案工作，或阅研国内外经典文献、最新研究成果，或奋笔疾书、著书立说，又或是审阅学生论文圈注意见，总之是眼手脑一刻不停。我曾经问过余老师，每天都坚持这样高强度的工作难道不觉得累吗？余老师笑着对我说，“古人云‘一寸光阴一寸金，寸金难买寸光阴’，我年纪已经大了，得加倍抓紧时间。人说学海无涯苦作舟，对我来说，读书学习既是工作也是生活，我不觉得苦，反是乐在其中啊，真要我停下来，我倒真会不习惯”。一席话，道尽人生。

2. 坚韧不拔、奋勇拼搏的人生态度

有一次，余老师云淡风轻地说起自己在年富力强的时期曾经受到不公正对待。记得当时我气得直攥拳头，同时内心深处升腾出对余老师的更多敬意。

这种敬意是油然而生的。余老师面对艰难险阻时，能够以其高洁的个人素养、深厚的文化底蕴和学术修养表现出大气磅礴、淡而化之的大家风范，当时年轻气盛的余老师并未不忍小忿而乱大谋，相反是全速推进不断超越自己，数十年如一日地大步前行、精耕细作、勇攀高峰，最终不仅成功在传统会计理论领域独树一帜，而且还在我国率先开拓出现代管理会计、企业理财学、环境管理会计、国际管理会计等新兴学科，填补了我国在这些领域的空白，同时也为国家培养了大批新兴学科领域的专业人才。这种坚韧不拔、认定目标便奋勇拼搏的人生态度，始终是我努力学习的目标。

3. 甘为人梯、奖掖后学的大家风范

余老师常说，人的生老病死是自然规律，希望长江后浪超前

浪、科研事业后继有人，希望学术生命超出自然生命。余老师在提携后学方面堪称楷模，充分体现了甘为人梯的大家风范。

2001 年深秋，经过充分商议，40 余名弟子从海内外奔赴深圳，欢聚一堂，共同祝愿恩师身体健康，并拟向余老师献礼。余老师表示钱财对他没有意义，青年学子是祖国未来栋梁，能为他们做点实实在在的事情，解决一些具体困难，为他们创造更好的条件，也是支持祖国教育科研事业的表现。于是，我们共同倡议以余老师的名义在厦门大学设立基金，用以表彰和资助德才兼备的青年学子。余老师强调德才兼备，且德居首，才其次。于是，之后设立的厦门大学余绪缨奖学金最突出的特点在于该奖最为注重对候选人的品德考察，其次才是对学业方面的考察。按余老师的话就是，最应当奖励的是品德端正、成绩优异、家庭困难的青年学子。

经筹集，首期余绪缨奖学金自 2002 年起面向管理学院学生颁发，2010 年起进一步升格为面向全校学生的校级奖学金，影响面更广、受益范围更大。

4. 关于幼儿教育的灼见

对于门下弟子，余老师不仅关心当代，还关心学生的下一代。

2006 年 5 月底，余老师以 85 岁的高龄到上海国家会计学院讲学。余老师得知我怀有身孕后，一再叮嘱我要好好养身体，“妈妈好，孩子才会好”！在孩子教育问题上，余老师以他幼时亲身经历告诉我，多让孩子学点国学，了解中国传统文化精髓，打好了基础，将大大有助于孩子全面健康发展。余老师提出的冰山育儿理论认为，那些看似囫囵吞枣的知识就像是巨大冰山潜伏在海平面之下更大的部分，只有水下冰山足够大足够强才足以支撑露出水面的部分；随着孩子心智日渐成长，水下冰山所起的支撑作用就能愈发显现出来，并将影响孩子的一生。现在回头，的确如此。

余老师对我的影响，并未因为余老师2007年辞世而淡去，之后在一些关键时期甚至起到了定海神针的作用。

2017～2021年，我在美国威斯康星大学密尔沃基分校（UWM）攻读商科博士学位，研究方向是量化营销。由于多方面原因和各种现实考虑，4年间多次想要放弃，尤其是2020年年初全球疫情暴发后，我的心理压力更是达到了极点，一度忘记初心，一心只想刷到机票回国回家。给予我力量坚持下去的，除家人无条件的爱与好友的鼓励支持外，便是已经离开我们十多年的余老师。去美国时我随身带着恩师专著《会计理论与现代管理会计研究》，手机上存了好多余老师的照片，不时拿出来翻看，仿佛余老师是我的保护神。余老师的人生可谓波澜壮阔：在战火纷飞的年代求学，能够优秀地完成学业，还勇攀学术高峰发表高水平学术论文；新中国成立后在受到不公正对待时，能够坚持做研究，继续走学术道路，做当做的学问；20世纪80年代初社会转型时，能够敏锐意识到管理会计学科在现实经济生活中大有用武之地，于是很快将该学科从国外成功引进，同时将其本土化，管理会计从此在中国学界和实务界生根发芽乃至发展壮大。对比余老师丰厚的人生经历，我意识到自己面对的只是困境而非绝境。终于，历经多次跌宕起伏后，我克服困难走了出来，刷了个美国商科博士学位后回国。

分享一个小秘密。当年我问，“余老师您是性情中人，经常开怀大笑，那为何照片里很少见您笑”？余老师扑哧一笑，回道，

"哦，那是因为每次镜头对着，我就非常紧张，自然笑不出来。照片里我若在笑那是因为我还没反应过来"！原来如此。

余老师永远活在我们心中。

（本文原载《会计之友》2023 年第 8 期）

治学严谨　甘为人梯

——记我的导师余绪缨先生

2000级博士生　陈佳俊

余绪缨先生是我国著名的会计学家和教育家、中国管理会计的开拓者和奠基人。他治学严谨、学术造诣很深。余绪缨先生对教育事业的执着信念和不懈追求历经半个多世纪，在教学与科研方面都取得了丰硕的成果。他严于律己、勤于奉献，以为人师表、教书育人为己任、献身教育的高尚师德师风，深受广大学生的爱戴和尊敬，赢得了广大师生和社会各界的赞誉。今年，余绪缨先生离开我们已经17年了，在庆祝厦大会计学科百年庆典之际，作为余绪缨先生的博士生，心情一直难以平复，聊以笔墨，以寄托对恩师的思念之情。

治学严谨、勇于开创

作为我国当年“现代管理会计”方向唯一的博士生导师，余绪缨先生是一位治学严谨、学术造诣很深，在国内外享有较高声誉的会计学家和教育家。他一生致力于现代管理会计的基本理论建设、创建具有中国特色的现代管理会计理论和方法体系，开拓了现代管理会计研究的一个新领域——“广义管理会计体系”研究。余绪缨先生常常教导弟子们：“板凳宁坐十年冷，文章不写半句空”，做学问的人要耐下心来坐十年板凳，毫无怨言。写文章要从实际出发，实事求是，独立思考，不能人云亦云，宁可坐十年冷板凳，也不能写半句没有依据的空话。不论是系里的同事，还是研究生，对他在浮躁的社会环境下，甘坐冷板凳、一心做学问的治学精神无不赞赏。除了吃饭睡觉散步，其余时间余绪缨先生分秒必争，孜孜不倦地伏案工作，或阅读国内外经典文献、最新研究成果，或是奋笔疾书、著书立说，将自己重要的思想、思路甚至火花记录下来，又或是在对学生论文详加审阅意见，总之是眼手脑一刻不停。余绪缨先生常说：“古人云，一寸光阴一寸金，寸金难买寸光阴。我年纪已经大了，更得加倍抓紧时间才行啊。人说学海无涯苦作舟，读书学习既是工作也是生活，我不觉得苦，反是乐在其中啊，真要我停下来，我倒真会不习惯。”

言传身教、全方位培养

对于研究生培养，余绪缨先生对硕士、博士研究生的研究质量的控制非常严格，全流程培养，严格抓好进口、出口关。在授课环节，余绪缨先生给博士生的授课内容常常涵盖现代管理会计多个领域，凝聚了他在管理会计领域的研究成果。这些专题包括现代管理会计中的基本理论与方法、当代管理会计新发展、会计的中西比较及中国特色管理会计的特征、管理会计的技术观与社会文化观、战略管理与战略管理会计、柔性管理及其文化渊源、知识经济与智力资本会计的理论问题、体验经济与管理会计创新等专题。这些课程使我们收获颇丰，把我们带入了一个崭新的知识海洋。对于博士生论文的选题、大纲、初稿和终稿，他都亲自审阅、亲自修改。这对博士生们而言是极大的鼓舞和鞭策。记得我的博士论文初稿交余绪缨先生后，他在一周内就约我去他家，在肯定成绩的基础上，指出了我在文献以及写作过程中写作上的不足，增加了在管理控制系统建设中的文化要素的影响以及中国研究者和实践者的系统评述，科学地评价了中国管理会计实践者和研究者在会计学界的贡献，最让人感动的是，在需要修改的地方，余绪缨先生都做了密密麻麻的批注。这些批注过的文字作为珍贵的纪念我至今都还保留着，也对我日后成为研究生导师产生了重要影响，起到了示范作用。

无私奉献、甘为人梯

其中影响最广、令人最为感动的是余绪缨先生建立“余绪缨奖学金”的事迹。余绪缨先生常说，人的生老病死是自然规律，希望长江后浪超前浪、科研事业后继有人，希望学术生命超出自然生命。每年余绪缨先生生日，弟子们都会想方设法准备一些贺礼，但余绪缨先生从来不收。2001 年，余绪缨先生 80 岁大寿，学生们决定无论如何要送出一份礼物，便拐弯抹角地打探老师最想要什么。余绪缨先生的回答是：“对我来说，学术生命比生理生命更重要。”最后，学生们想出了一份最合适的礼物：筹集资金设立“余绪缨奖学金”，用于奖励品学兼优的会计学子。余绪缨指导过的博士和硕士们纷纷响应。“余绪缨奖学金”的设立对激励学生树立远大理想，为祖国繁荣昌盛而勤学苦读，起到了重要的作用。余绪缨先生在世的时候，每年都要亲自给学生们颁奖，他很喜欢这份礼物，因为这个奖项是“先进帮后学”，由已取得成就的师兄师姐募捐设立奖学金来奖励后来的师弟师妹，除了物质上的资助更有精神上的激励意义。目前“余绪缨奖学金”已经成为面向全校学生颁发的校级奖学金。

谆谆教诲、提携后学

余绪缨先生非常重视研究生的德育教育，经常教育学生要胸怀国家进步、民族富强，具有强烈的社会责任感，余绪缨先生还特别关心毕业研究生职业发展，经常亲自为学生推荐工作岗位。对于毕业后的职业选择，余绪缨先生建议我到高校去任职，并亲自为我写了一封推荐信。临行前，余绪缨先生又语重心长地嘱咐我，做教师一定要坚持做人是立身之本，要有天下兴亡匹夫有责的强烈历史责任感，用于充当社会的良心、国家的良知，言人之所不能言，言人所不敢言，为推动社会的变革和进步，提供批判性的智力支持。作为学者，一定要严格要求自己，严格遵循先规范后创新的学术规范，戒浮躁和急功近利，要具有“十年磨一剑”的精神，坚持长期积累，厚积薄发……这些谆谆教诲让我永生难忘。

余绪缨先生在提携后学方面堪称楷模，余绪缨先生作为学术带头人，总是甘当“人梯”，善于为青年教师和研究生“开路”，不计名利得失；使他们从中得到锻炼和提高，加速了他们在学术上的成长。我和丈夫贺颖奇是余绪缨先生门下为数不多的夫妻学生，毕业后我们都如愿留在高校工作，2002 年我们受邀编著了一本《管理会计》作为工商管理（MBA）教材，余绪缨先生欣然为我们的新书做序（见图 1），并给予了高度的评价，在序中他写道："我看贺颖奇博士和陈佳俊博士编写的《管理会计》一书，无论是作为 MBA 或相关教育的通用教材，还是作为支持企业管理者实施有效决策与控制的工具，均能发挥重要作用。特别是作者正值年富力强，在现代管理科学和经济、金融财务等相关学科领域均有较深厚的理论基础，并在 MBA 教学和企业财务管理方面有多年的实际经验。这些条件使他们在撰写本书时能做到得心应手、深入浅出、以简驭繁、重点突出，从而大大提高了本书的质量。喜见年轻一代学者的迅速成长，故乐于略书数语为之序。"

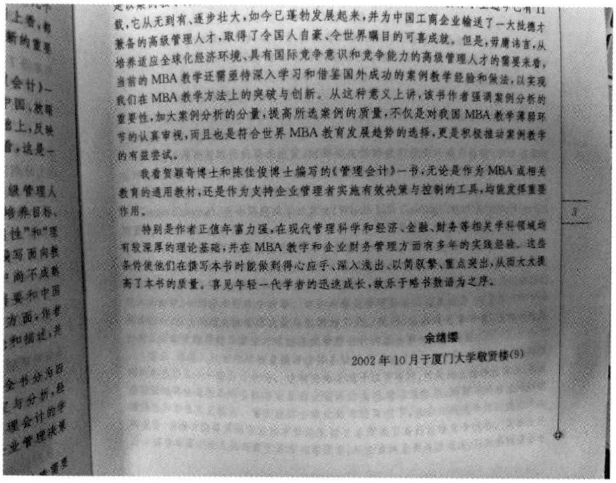
载，它从无到有、逐步壮大，如今已蓬勃发展起来，并为中国工商企业输送了一大批德才兼备的高级管理人才，取得了令国人自豪、令世界瞩目的可喜成就。但是，毋庸讳言，从培养适应全球化经济环境、具有国际竞争意识和竞争能力的高级管理人才的需要来看，当前的 MBA 教学还需亟待深入学习和借鉴国外成功的案例教学经验和做法，以实现我们在 MBA 教学方法上的突破与创新。从这种意义上讲，该书作者强调案例分析的重要性，加大案例分析的分量，提高所选案例的质量，不仅是对我国 MBA 教学薄弱环节的认真审视，而且也是符合世界 MBA 教育发展趋势的选择，更是积极推动案例教学的有益尝试。

我看贺颖奇博士和陈佳俊博士编写的《管理会计》一书，无论是作为 MBA 或相关教育的通用教材，还是作为支持企业管理者实施有效决策与控制的工具，均能发挥重要作用。

特别是作者正值年富力强，在现代管理科学和经济、金融、财务等相关学科领域均有较深厚的理论基础，并在 MBA 教学和企业财务管理方面有多年的实践经验。这些条件使他们在撰写本书时能做到得心应手、深入浅出、以简驭繁、重点突出，从而大大提高了本书的质量。喜见年轻一代学者的迅速成长，故乐于略书数语为之序。

余绪缨

2002 年 10 月于厦门大学敬贤楼(9)

3

图 1　余绪缨先生为贺颖奇和陈佳俊编写的《管理会计》教材所做序的节选

慈祥、有温度的阿公

我成为余绪缨先生的博士生时，我的儿子子恒已经在号称厦大附小的演武小学读二年级，正好与余绪缨先生的小外孙张一驰是同班同学，当时余绪缨先生由二女儿伟琦一家照顾，一驰住在余绪缨先生家厦大敬贤九，我家住在大南16，两家直线距离不过50米。子恒与一驰两人关系很是要好，个头也差不多，经常一同上、下学，一路说笑、打闹，很是欢乐。由于这一层关系，我去看余绪缨先生时也经常带上儿子，记得每次去余绪缨先生家，余绪缨先生见子恒来了，都热情地请一驰拿出零食来招待子恒，然后眼含爱意地看着孩子们大口朵颐，面部表情一改往日的严肃，神情特别慈祥。有一次，两个小孩因为金庸的武侠小说中的情节争论起来，而且两人还亮出各自独创的武术招数，你一拳我一脚地切磋，余绪缨先生饶有兴趣地看着，时不时点头评论几句。两个小孩得到阿公的鼓励也越练越起劲，整个房间充满了欢声笑语，其乐融融。这些情景虽然已经过去二十多年了，那时的小学生也都成长为大人了，余绪缨先生那富有哲理的评论，慈爱的眼神，都是对孩子们的极大的鼓励，不断地激励着孩子们健康成长。

余绪缨先生教书育人，为人师表、严谨治学，无私奉献、甘为人梯的精神，像一种无形的力量时刻激励着后辈们，在各自的工作岗位上做出应有的贡献，恩师给我们做出了一个中国有良知的知识分子的榜样，值得我们永远地学习和敬仰，恩师的思想和教诲，也让我们受益终身。

发白未敢忘忧国　鞠躬尽瘁献余年

——《余绪缨综合文集》读后感

2000级博士生　陈祥星

近读由中国财政经济出版社出版的《余绪缨综合文集》，感触良多。综合文集中的篇章都闪烁着余老学术思想的光芒，其核心是勇于充当社会良心、国家良知的博大胸怀，其《病后感言》所说的“发白未敢忘忧国，鞠躬尽瘁献余年”就是这种精神的生动写照。也许正是他的拳拳报国之心，催使他作了深邃的思考，才有了《世纪之交，对教育与经济关系的新认识》《社会经济制度演变的思想文化分析》等发人深省、忧心国是的篇章。而“立身与为学之道”则热情洋溢，充分体现了余老对青年学子的无限关怀与殷切期望。通过阅读综合文集去认识余老的核心思想也许需要用心去感悟，熠熠生辉的思想性可以说是这本文集的最大特色。即使涉及专业领域的关于管理、会计和管理会计方面的内容，余老也是以人文思想为核心，贯穿于所有重要方面。如在管理基本属性问题上，余老认为，“在社会经济系统中，人的因素总是居于主导地位的。决策作为管理的基本职能的层次越高、涉及的面越广、情况越复杂，战略性、非规范性、不确定性越强，决策人员和决策支持人员的远见卓识和非凡的洞察力及由此而形成的高屋建瓴式的综合判断就越带根本性”“管理决策达到这样的水平，是意味着它已推进到层次更深、境界更高的人文文化阶段”。

关于现代管理会计研究的新思维，余老提出应“以‘系统观’取代‘机械观’”“管理会计的研究不能局限于其技术层面，而必须同社会文化观相结合”“数学方法在管理会计中应用问题的重新认识”“研究的视野从‘二维结构’向‘三维结构’扩展”，着重从哲学、人文的层面进行了精辟的论述，使之在认识上提高到了一个新的境界。关于高层次人才的培养，余老特别强调“要从‘专业型’向‘综合素质型’转变”，也就是要“从‘硬人才’的培养向‘软人才’的培养转变。‘软人才’往往具有既能高瞻远瞩、胸怀全局，又能向深处探索、脚踏实地的优势”。余老还进一步提出“历史和现实都充分证明古往今来，许多在各个重要领域作出杰出贡献的大师所取得的成就，都是以人文精神为主导的成就，也是以‘综合素质’取胜的成就这样的大师就会自然而然地显现出一种‘会当凌绝顶，一览众山小’的恢宏气势！而这种气势，是那些只在自己一个狭小的专业领域里具有‘一孔之见’的专业性人才绝对不可能有的。这正是高层次的综合素质型人才比一般专业型人才具有无比优势的鲜明体现”。而“综合素质是创新能力之源”。我深深感到余老的这些见解，真足以振聋发聩，发人深省！

余老学贯古今，融汇中外。文集收录的若干诗作，既言情，也言志。收录的以英文撰写的若干论著，也足可与其中文论著媲美。名曰综合文集，各文论述的主题不同，撰写的时间各异，似显松散，但其体现的学术思想则一以贯之，浑然一体。大凡严肃的学者，似乎都殊途同归于关注人和人性的研究，余老据此长期匠心独运地在专业领域进行探索，形成的学术成果使关于管理、会计和管理会计的研究，进入了一个全新的境界！

余老年逾八十，仍坚持在教学、科研第一线，博学精思、言传身教，并笔耕不辍，实令我等后辈既感且佩！最后撰小诗一首，以抒读后感怀并贺余老综合文集出版：

忧心国是催人老，卓见真知自成家；
道德文章传久远，门庭学子展才华！

（本文原载《财会通讯》2024 年第 19 期）

奋斗到老　自强不息

2001 级博士生　徐　德

在迎接厦门大学即将诞生一百年之际，我们特别怀念我们尊敬的博士导师余绪缨教授。余绪缨老师教授了我们五年的管理会计博士课程，在这个五年中我们作为学生得益匪浅，不仅学习到管理会计的一系列理论和实践的运用，而且对余老师的严格的治学风格和为人处世的真诚厚直性格也收获极大。

余绪缨老师是我国管理会计理论的开拓者、奠基人和集大成者。“文化大革命”结束后，中国社会正处在政治和经济的混沌局面，急切需要进行各个方面的清理和整顿，同时在企业管理方面的理论和知识仍然需要加以整顿和重塑。而当时管理会计在我国是一片空白之地，国内没有可以参照的理论和学术讨论，更加没有成熟的管理会计这个方面的实践经验。余老师就敢为人先，披荆斩棘三十年如一日，不畏艰辛全身心地致力于现代管理会计的基本理论的建设，并且对建立和发展科学观的现代管理会计的对象方法和基本理论性问题提出了具有中国特色的完整的见解。余老师为我国管理会计的理论发展留下了30多部教材和专著，以及100多篇高质量的学术论文，是理论与实践相结合的典范，涉及了企业管理会计领域的方方面面，是企业管理会计的集大成者，是管理会计领域不可多得的瑰宝，奠定了中国管理会计学说的基石，在当代企业管理会计发展方面有着不可估量的作用。

仔细阅读余老师的各篇文章，可以了解余老师的管理会计的思想形成的组成和不断深化过程。余老师明确地指出了管理会计工作可以分为“执行性管理会计和决策性管理会计”两个方面，并且第一次提出了广义“管理会计体系”的研究，应该包括了微观管理会计和宏观管理会计以及国际管理会计三个部分组成的“广义管理会计体系”的新概念。这在当时无论是国内还是国际上来看都属于首创，居于国际领先水平。余老师还提出现代会计的形成和发展情况，明确了传统的财务会计、成本会计与管理会计的区别与联系。其区别在于财务会计为管理的决策功能提供信息，着眼于利润的最大化。而管理会计主要为管理的控制功能提供相关信息，着眼于成本的最低化。他们共同组成统一的管理会计系统，相辅相成地为企业管理者提供相关的管理信息。

余老师后来又提出要求管理会计发展国际化的问题，指出我国的社会主义现代化建设不能关门搞，且必须坚定不移地执行改革开放的总方针，进一步提高改革开放的广度和深度。积极参与国际经济的大竞争，鼓励参照国际通用惯例来对企业进行科学管理。总之余老师的每一篇专题论文都涉及和针对企业管理工作的方方面面，事无巨细地提出了基本问题和应该改善的管理会计要求，具有其全面性和可行性的指导意见。

余老师几十年对管理会计历尽艰辛研究工作和理论研究工作，为我国在管理会计方面建立了一个理论上的系统和完整的一门学科。所以“余老师是我国管理会计的当之无愧的开拓者和奠基人”（胡玉明老师文章的话）。

余老师还将管理会计与当时中国企业管理活动和具体的市场经济发展紧密地结合起来，分别出版了《管理会计》教材，将现代管理会计与企业会计工作融为一体的综合性交叉学科，提出企业“以作业为基础的管理”等模式，力求进一步消化和吸收国内外相关领域的管理会计的进展成就，实现继承与创新、现实适用与理论超前性的统一。余老师将管理会计与当前中国特色社会主义市场经济发展的实践紧密地结合起来，用于指导企业管理的具体实践，起到了不可估量的作用。

20 世纪 90 年代后，70 多岁的余老师还极其广泛地和国际同行进行管理会计的交流，如到美国、加拿大、日本、法国、英国、澳大利亚等国，进行了广泛的学术方面的国际交流，介绍了中国在管理会计方面的发展和方向，建立了广泛的中国和国际之间的学术交流，对中国的管理会计走向世界做出了应有的贡献，并且在国际上屡次被评为国际杰出人士，被授予 20 世纪成就奖银质等荣誉奖章，为我国管理会计在国际上占有一席之地而贡献了不朽的力量。

余老师为我国管理会计的理论发展留下了 30 多部教材和专著，以及 100 多篇高质量的学术论文。是理论与实践相结合的典范，涉及了企业管理会计领域的方方面面，是企业管理会计的集大成者，是管理会计领域不可多得的瑰宝，在当代企业管理会计方面有着不可估量的作用。

余老师和我父亲上海财经大学徐政旦教授在“文化大革命”之前，各自忙于厦门大学和上海财经大学的教育工作。“文化大革命”结束后，于 1983 ~ 1984 年余老师和我父亲共同参加了中美合作举办的中国科技管理的“大连培训中心”并担任教授，为企业高层领导干部和高层管理人员讲授《管理会计》课程。我父亲来回穿梭于上海和大连一连几个月。在此期间与余老师因为教学工作上的原因，互相切磋，友谊颇深。回上海后，我父亲说厦门大学的余教授是个不可多得的良师益友。余教授的管理会计知识渊博，外语水平也是相当了得，博通古今历史，为人诚恳厚道，评价甚高。二人相见恨晚，相聚甚欢，成为莫逆之交的朋友。此后无形之中形成了默契，凡是由我父亲负责的上海财经大学会计、审计博士毕业答辩会，我父亲就盛情邀请余老师作为答辩导师参与答辩会，而余老师则在负责的厦门大学管理会计学博士生毕业答辩会盛情邀请我父亲作为博士答辩老师。每次参加答辩会，又成为两位老朋友的盛情会面机会。二人作为当代会计界的泰斗，相聚甚欢。风度翩翩，相映生辉，谈笑风生，互相交流学术和点评社会时事，互相增进感情。我父亲徐政旦教授到厦门大学开会和讲学时候又屡次拜访了葛家澍教授，也进行了深入的学术和感情交流。这是一段会计界知名人士的交互风云时代，也是厦门大学和上海财经大学会计学科交流最多的鼎盛时期，两个大学的会计学科之间建立了很友好的学术交流的关系。

余老师是1922年出生的，和我父亲是同龄人，新中国成立后全身心投入社会主义新中国的建设。自从党的十一届三中全会改革开放之后，他们全身心地投入到轰轰烈烈的改革开放之中，成为各自学科的学术带头人。他们看透了社会和时事的变迁，因此性格豁达开朗，包容所有，时势造就英雄，各自成为国内会计和审计界的泰斗级人物。他们为国家培养了几十个出类拔萃的博士学生，分别活跃在各自的工作岗位上，对我国的会计、审计事业发展做出了非常大的贡献。余老师和我父亲徐政旦教授的离世对我国的会计、审计事业的发展是一大损失和遗憾，扼腕可惜。我们要继承他们的奋斗精神，自强不息，学习到老，奋斗到老，为这个社会，为中华民族屹立于世界民族之林贡献我们应尽的一份力量。

图 1　从右到左：陈佳俊、杨文安、我、陈胜群，参加学术会议后留影

最后我以余老师悼念中南财经大学杨时展教授的诗为本文的结束：

道德文章豪气存，
峥嵘岁月显精神！
澎湃心潮难自已，
几回掩卷哭英魂！

活到老、学到老、贡献到老

——纪念余绪缨教授百年诞辰

2001级博士生　许金叶

都说“人生七十古来稀”。我师从余绪缨教授时，先生已然80岁高龄，满头白发。然而耄耋之年的先生依然是活到老、学到老、贡献到老，在工作中洋溢着年轻人的精神和活力。

图1　余老师及师母与我、林峰国、陈佳俊、陈祥星合影

活到老、学到老

作为中国管理会计的开拓者和奠基人之一，先生的学术成就卓著，其学术文章用词造句精确，文采斐然，可谓“深入浅出、驾轻就熟，挥洒自如”。这与先生长期博学精进养成的深厚学术功底是分不开的，也是先生活到老、学到老的具体体现。

“十年树木，百年树人”。学习是一个终生的过程。彼时先生虽已进入耄耋之年，但学习已经成为他的生活习惯。先生不仅读书看报，还关心国家大事，每天晚上雷打不动地看新闻了解时事。攻读博士学位期间，我住在厦门大学凌云一号楼，晨跑时经常碰到先生和夫人从山上散步回来，听着收音机里播放的英语新闻。先生能够多次出访海外，进行学术交流，得益于先生良好的英文功底，更要归功于先生的不懈学习。

先生不仅向书本学习，也积极向同行学习。2001 年，先生接受西南财经大学博士生导师林万祥教授的邀请，参加该校会计博士生论文答辩。由于不放心 80 岁高龄的先生一人外出，师兄便让我陪先生前往。到了西南财经大学后，林万祥教授赠送给先生一本刚出版的专著《成本论》。先生不顾旅途劳累挑灯夜读。第二天他告诉我，《成本论》是一本不朽的专著，林万祥教授对会计界作出了很大的贡献，并希望我认真学习《成本论》。当时，先生的学术造诣已享誉海内外，能够在私下给予同行如此赞誉，体现了先生虚心好学的精神，也说明《成本论》确实是一本很好的专著。《成本论》一直跟随我几次搬家，至今仍然位于我书架的核心位置，它让我一直铭记着先生向同行学习的精神。

“读万卷书，行万里路。”先生鼓励学生要将理论与实践相结合，自己也是坚持践行。先生认为，要实现教育为社会实践服务的目的，教学和科研都不能闭门造车，而是必须走出书斋，同波澜壮阔的社会实践相结合，才能够使其充满生机和活力。

2001 年暑假，我去邯钢了解学习“模拟市场核算，进行成本否决”的邯钢经验。时任邯钢总会计师李华甫是厦门大学经济系的学生，是邯钢经验的设计者与创造者之一，虽已是 70 多岁的高龄，但仍然坚守在工作岗位上。回到学校后，我向先生汇报调查、学习情况。先生对邯钢经验特别感兴趣，问了许多问题，听完汇报后，赞扬邯钢经验是具有中国特色的管理会计，并让我与李华甫联系，请他到厦门大学讲学。在逸夫楼会议厅，李华甫用两个多小时逻辑清晰地介绍了“模拟市场核算，进行成本否决”的来龙去脉。在主持报告的两个多小时中，先生不仅认真听讲，还认真地做笔记。事后，先生请李华甫到家中做客，两位老人通过叙谈，得知两人都曾经在龙岩长汀待过（厦门大学曾因历史原因迁到龙岩长汀），先生当时是会计学系老师，李华甫总会计师是经济系学生，两位老人感情更进一步。除了叙谈学校的家常外，两位老人还从邯钢经验谈论到中国管理会计建设与应用的问题。可以想象，两位鹤发老人在一起认真讨论管理会计，是何等令人感动和鼓舞的画面。图 2 是李华甫先生回母校时与余老师等师生合影。

图 2　李华甫先生回到母校交流与余绪缨老师等师生合影，躲在李先生后面的，就是我

活到老、贡献到老

先生即使已年届八十，仍坚持发挥余热，继续从事博士研究生的培养。这期间，先生还先后发表多篇学术论文，尤其是先生在耄耋之年，根据社会经济发展趋势，提出了管理会计人文化的系统学术成果。先生在21世纪之交前后二十年间就管理会计人文化相关领域，在《经济学家》《厦门大学学报（哲学社会科学版）》《东南学术》《财务与会计》等杂志发表十余篇文章，如《半个世纪以来管理会计形成与历史回顾及其新世纪发展的展望》《从“商业语言”的特性看管理会计的人文性》《管理特性的转变历程与知识经济条件下管理会计的人文化趋向》等。他提出，知识经济下企业管理是人本管理、智本管理。管理会计是融管理和会计于一体的一个专门领域，其特性自然随管理特性而转移，随管理特性的发展而发展。知识经济下的管理会计性质显现人文化的特征。管理会计不仅像传统管理会计从信息层面为管理提供信息支持外，还从知识、智力层面为企业管理提供智力支持。知识经济下企业管理会计要超越“传统会计思维定式”，即“货币化、精确、平衡”七字经。知识经济下企业管理会计要开创认识上的新的方法论，即三个“重于”、三 个“并重”。三个“重于”是指“衡量”重于“计算”、认识性重于精确性、悟性重于理性。三个“并重”是指量化与非量化并重、量化的各种形式并重、量化的各种形式中，货币计量与非货币计量并重。在信息技术高度发展的今天，这些思想对人工智能下管理会计理论和会计信息系统论都有重要的启迪意义。

“发白未敢忘忧国，鞠躬尽瘁献余年”（摘自先生诗篇《病后感言》）正是先生活到老、学到老、贡献到老的精神写照。虽然先生离开我们已经有十五年了，但是先生的精神仍然时时提醒、鞭策着我，让我不敢偷懒，更不能“躺平”。

（本文原载《财务与会计》2022 年第 21 期）

追忆恩师

2000 级博士生　林峰国

也许我福分浅，敬识恩师余绪缨先生已是很晚的事情了。原因有二：本科并非会计科班，理转经后研究生专业为工商管理，仍远离会计学的主脉。然而，在自己就读厦门大学经济学院 MBA 时，就已领受过余绪缨先生在管理会计学、理财学上的修养和学问。虽然余绪缨先生是研究生导师组组长，但对余绪缨先生本人，还只是远远地敬望着。

真正敬识余绪缨先生是在 2000 年正式成为博士研究生入门弟子。1999 年，我面临职业生涯重新选择，静下心来思考个人未来发展方向，有意回归校园，报考余绪缨先生博士，但心里忐忑不安——余绪缨先生对我来说，可谓高山仰止，太过遥远，因此感觉上没啥底气。几经周折与余绪缨先生联系，电话里听到余绪缨先生慈祥声音，“博士生入学考试，无论是考试命题也好，改卷子也好，录取也好，都是完全按照学术标准来录取”，末了，余绪缨先生还特别嘱咐今年报考人数多，竞争激烈，如果落选，欢迎来年继续报考。经余绪缨先生一番鼓励，心里才踏实下来，终于有幸从 2000 年始追随老师读书，经他耳提面授，每每能感受到老师教书育人的热忱，感受他作为师者的高尚人格和不知疲倦的生命激情。

自从跨入余门之后，那时候我们那一届有导师组授课，包括校内的陈守文、蔡淑娥、汪一凡、毛付根、沈艺峰等老师，校外的于增彪、胡玉明等老师。我们每学期定期到余绪缨先生家里上课，上课的形式比较宽松，余绪缨先生经常结合自己的研究做主题分享报告。每次课前余绪缨先生都笑呵呵地、语重心长地鼓励我们多发言，多去参与一些社会实践调研，锻炼自己的写作和表达能力。这让我们紧张的心情微微松弛，但每次上课之前仍会焦虑，担心老师批评自己的思考不够全面，平日用功不够，阅读面不广。坦率地说，老师对我们入门较晚的弟子相对较为“放羊”，他认为学习过程可以无为而学但需严谨，经常引用历史学家范文澜的治学态度“板凳甘坐十年冷，文章不写半句空”勉励我们，每个人需要结合自身的兴趣爱好、比较优势，在广博的基础上找到专、新的研究方向。

余绪缨先生已经仙逝多年，许多记忆有点模糊，但每当我踏进厦门大学校园那块葱郁的草地，总感到那校园的天空飘浮着余绪缨先生的气息，弥漫着余绪缨先生的魂灵。物换星移，大学的管理者可以轮换，学生可以交替，但我似乎觉得，这所大学在痛失了余绪缨先生后，我们这些弟子回母校的次数越来越少了。近期重读余绪缨先生文集，感触良多，各篇章都闪烁着老师学术思想的光芒，其晚年病后感言所说的“发白未敢忘忧国，鞠躬尽瘁献余生”，正是老师充当社会良心、国家良知的生动写照。他有一颗清晰的大脑，他有一双智慧的眼光，他有一尊不屈服于世的不朽人格。他从不把任何的思想、理论当作外在的权威加以接受。除了家国情怀外，老师诠释传承了大学精神：对学生的热情、呵护和期望；清晰的判断力；独立的教师人格。自然，还包括对这个世界的独立精神、自由思想，并把这种人文思想的方法传递给学生。

我们芸芸众生，大部分都是为了稻粱谋而奔波忙碌，但总有一些人像恒星一样闪耀天空。天不生仲尼，万古如长夜，没有了余绪缨先生，管理会计学乃至管理学的星空，是否会黯淡许多。

图 1　我和众师兄弟姐妹与余绪缨老师、于增彪师兄合影

谨此，追忆我的恩师余绪缨先生。

岁月如梭　师恩难忘

——缅怀我的导师余绪缨教授

2003 级博士生　陈华敏

2023 年是我入读余老师博士生 20 年的日子，岁月如梭，转瞬即逝，但回想起来宛如昨日，历历在目。收到运国师兄的通知后，我从忙碌的工作中静心思考，回想在厦门大学前后十年的求学经历和读博体会，余老师治学的思想和敬业精神对我在专业技能和工作上的指导，收获颇多。

韩愈的《师说》有“师者，所以传道授业解惑也”的传世名句。名师既要言传身教、塑造品格，又要传授基本知识和技能，更能解答疑难问题。从幼时至今，承蒙过百位老师教诲，但能做好这三个层次的不多，而余老师则是兼具这三方面的师者中的大师。虽然体会颇深，但真到落笔时，却总觉得没法写完。因为三年求学生涯虽短，但点点滴滴都体现着导师对我们的关心、爱护以及期望，不知该写什么好？余老师是公认的中国管理会计的奠基人，他的学术思想早已对中国会计界影响深远，生平事迹也广为称道，因此，以我这点浅薄的才识，写什么都怕成为画蛇添足。直到龙年伊始，除夕之夜，在大家辞旧迎新时，满怀感恩之心，重思过往，追思导师，就谈两点我对他老人家印象最深的认识，也是吸引我读博的认识，以纪念导师。

桃李天下的培育者

我就读厦门大学会计学系有点歪打正着，是在浑然不知的情况下读了这个专业。除了清华、北大、人大、复旦、上交外，福建人最喜欢的大学就是厦门大学。高考前一年，厦大录取分数最高的是会计学系，本着不浪费分的原则，大家劝我选会计。这让我很烦恼，因为当时的我，本着“世界这么大，真想去看看”的想法，颇有家天下的雄心，想从事一份有趣而变幻的工作，更想学经济学或法学。但入学后，我跟大四学姐们住一起，才知道厦门大学会计学系在全国排名第一。常听她们说之所以排第一，是因为厦大会计学系有三大泰斗，余老师是其中之一。当时她们有一门课，是这三位老师一起上的。有位学姐逃课不少，但这门课她每次不会逃。这让我挺好奇，这课得有多大的魅力，才能让逃课小公主坚持去上课？这门课的教室在南强，正好我们也在那上课。每次上完课，看到泰斗们在博、硕士生和高年级的学长们的前呼后拥中离开，好生羡慕。还是低年级的我们，没有这个机会，连旁听的机会都没有，就盼望着能上到高年级，听听泰斗们的课。但等到上了高年级，发现这门课已取消了，葛家澍老师、常勋老师偶尔会来讲次课或开个讲座，但是余老师始终没有再给本科生上课。我本科毕业保研后，到毕业前这个愿望也没实现。

后来，有位同学约我去克立楼听博士论文答辩，我本不想去，因为当时的我，一心想投身金融业，对博士论文没有兴趣。但扛不住同学的各种死磨硬缠，只好答应陪她去，最重要的是，我听说当时的博士论文导师是余老师。怀着一份景仰和好奇之心，我们提前半小时到报告厅，却已是人山人海，没有座位了，有同学就坐在过道上。这种火爆的场面，硬是支撑着我站了半小时等到开场。但由于学生众多，被挤来挤去，等到余老师进场后，我们已看不清答辩导师席，从我们的视角看过去，只看得到当时担任答辩秘书的丁鹏师兄。那场的答辩人就是余老师收的第一位科威特博士师兄。这一场答辩，让我深品余老师的大家风范，也让我体会到博士论文答辩非常规范严谨。很多年后回想起来，正是余老师的这种国际化视野，以及不拘一格用人才的风范，才让他的学生桃李遍天下。更主要的是，他的学生虽然不多，但人才辈出，无论教育界、政界，还是实业界，都是人才辈出。这在会计学的教授，乃至大学教授中，都不太多见。作为桃李天下的培育者，余老师不愧为大师！

会计发展思维的引领者

虽然有了上面那段插曲，但在我硕士毕业时，仍是义无反顾地投身金融业，而且阴差阳错地进了交易室，而不是结算部。我想，国内金融学的学生当会计的不少，但会计学的学生在交易室的应当不多吧？然后很快就被各种交易机器、交易对手、漫天24小时的市场信息给包围了。我发现需要补很多金融知识，所以上班跟交易对手、同事学，下班自己啃书学，有时坐着看书就睡着了。但每天都处于很充实的状态，甚至兴高采烈地去上班，因为逐渐掌握千变万化的市场中的规律是一件让人兴奋的事情。我一度认为我这算是转行了，还稍稍遗憾了一下我CPA方向的专业和CPA证书，觉得发挥不了作用了。

很有意思的是，我还同时参与了单位的资产负债管理和新产品创新工作，这两份工作有时处于一种周伯通的左右手互搏的状态，说实在话，它更多地需要用到会计上的知识。我体会到，会计并不是大家认为的那么狭隘，在金融市场的产品与应用中，它不仅仅是一个记账工具，还是一种管理工具。尤其是我的总监，一位当时最年轻的学金融的总监，经常找我聊管理，甚至说她非常喜欢会计。我慢慢发现，在工作与管理中，已不自觉地用了很多管理会计的方法和思路，并逐渐将交易室从成本中心转变为利润中心，想来交易室的人从众。我深深地体会到会计学的思维比技法更重要，而所学仍甚浅，所知仍有缺。用当下时髦的话来说，就是“本领恐慌”。反而产生了很强的想重新再深造的想法。

但这一想法在当时可不容易实现，因为当时的厦门大学反对“近亲繁殖”是主流，加上我是女生，我也不是很确定是否可能实现。我评估了一下，本科时学过毛付根教授、胡玉明教授、陈双人副教授的课，他们都是非常具有发展思维的好老师，作为他们的导师，余老师一定是这方面的引领者，往这个方向走很合我的初心。当我收到博士录取通知书时，刚参加完花旗银行的固定收益产品培训，当时行领导劝我收回辞呈，读在职研究生，但我最后的选择，还是出乎他的意料。许多人认为读博是一念之想，但其实它是多年思想的积累与积淀的选择。多年之后，都没有后悔过的选择。

入学伊始，余老师发给我们几本英文复印书，包括作业成本法等。他给我们上的第一个专题是知识经济，放在将近20年之后的今天来看这个问题，仍很前沿。当下最时髦的知识经济和创新的关系，仍是未决的问题。当时一些学者还限于对国内的一些文献收集拼贴，但是余老师要求我们要精读一些文献，并且不反对我们听别的老师的课程。在读期间，余老师授课以专题的形式，每一个专题他都旁征博引，评古论今，受益匪浅。一名导师的学识的博大精深，应当就体现在不狭隘和他的包容性。许多年之后回想起来，这种思维的不受约束与发展性，也许是管理会计，乃至会计学科发展的根本动力。在我后来漫长的就业生涯中，就是这一种开放的思维和不断拓展学习的想法，促使我在工作中不断实现一个又一个的爬坡。余老师去世后，回想导师当时的许多思想精髓和想法，其实都是指导我们不断克服困难，不断攀升的动力。路漫漫其修远兮，吾将上下而求索。我将不断探索与传承余老师的思想和理论，努力回馈社会和众多优秀学子，发展与创新，也许就是管理会计的精髓所在。师恩难忘，永铭心中！

师恩难忘

2003 级博士生　刘俊茹

这两天恰逢新年，想起每到新年，余老师早早就会吩咐我们去买好贺卡，他一笔一画工整写好每年的贺词，寄去对朋友的思念和祝福。只是今年换个形式，如果我发出贺卡，希望给余老师说些什么。往事一幕幕浮现眼中。

第一次面试见老师十分紧张，尽管熟读余老师和蔡老师共同编著的《管理会计》教材，但遇见略带卷曲花白头发、神采奕奕、很洋气的老师，想到老师是学界泰山北斗式人物，治学严谨，生怕答错无法入师门。在大学时就看到余老师编写的《管理会计》教材，当时还想如果能去厦门大学读书该多好，转念觉得是痴心妄想。所以当拿到博士入学通知书还是泪如雨下。

余老师带我们这届博士时已经 81 岁高龄，虽然年过“古稀”，为了不辜负所处的伟大时代，仍常以“发白未懈青云志”自励。还记得每次给我们上课都认真备课，不断更新教学内容，材料新颖，余老师敏锐地觉察到“体验经济”（experience economy）这个前沿主题，还让我去书店买来最新诺贝尔奖的书籍，在分析体验经济的基本特征、体验经济形成与发展的社会经济背景的基础上，深入讨论与体验经济相适应的管理和管理创新问题，并提出了许多新颖的观点。如今，体验消费已经成为经济发展的主要驱动力。情感链接，人与人的互动，如小红书营造的共生氛

图1　余老师和我合影

围都是鲜明的实例。这样的认知和洞见是我所钦佩的。余老师作为管理会计人文观的拓荒者，将人文观引入管理会计，提出管理会计问题绝不是单纯的技术性问题，管理会计的研究不能局限于其技术层面，必须同社会文化观相结合，以“系统观”取代“机械观”，由“物本管理”转向“人文观”的“智本管理”，强调“由技入道”。他常引用武打小说讲解道的三重境界：一是手中有剑，心中有剑。二是手中无剑，心中有剑。三是手中无剑，心中无剑。第三种才是真正的绝顶高手，所诠释的正是“无我”。欣赏余老师做学问的境界，纯粹发自内心的欢喜和自由。

余老师的课总是融科学性、逻辑性于一体，深入浅出，给我们上课，常引导我们掌握启发式的教学方法和创造性的研究方法，小组讨论主讲，他画龙点睛的点评，深受我们喜爱。

余老师作为一位博士生导师，信奉“身教重于言教”。他特别侧重于道德品质和刻苦、扎实、严谨学风的培养，要求学生从严要求自己。余老师要求博士生，既要能横向比较，能和国外同级学位并驾齐驱，又要能运用所学到的先进理论与方法分析、研究、解决我国现代化建设中的现实问题。他信奉“严字当头”，认为只有严师才能出高徒。但作为一个教师，对人严，首先要对己严。因此，余老师在做人、治学、处世等方面，严于律己，对自己提出高标准、严要求。余老师治学严谨，信奉“板凳甘坐十年冷，文章不写一句空”。主题报告、文章修改到最后一刻，标点、个别措辞一个也不放过。余老师英语好，也喜欢写英文文章，他每天坚持听英文广播，从不间断。2005 年余老师在“当代管理会计新发展”国际研讨会上，以八十四岁高龄，精神矍铄，神采飞扬地作了题为“Some New Insights into the Theoretical Research in Management and Management Accounting”的大会主题报告，会后和来自美国、日本的 David Serman、西村明教授学术交流。

生活上余老师高度自律，每天早晚会绕着芙蓉湖散步，拿计步器记录每天步数。每晚必看新闻节目，关心国家大事。除了吃饭、睡觉、散步、翻阅金庸小说外，其余时间伏案工作。国内外经典文献、最新研究成果，读到精彩处余老师甚至会裁剪下来如数保留。余老师生活简朴，却愿意出资表彰和资助德才兼备的青年学子，2001 年在厦门大学设立基金，用于奖励品德端正、成绩优异、家庭困难的青年学子。我有幸在校期间参加 2005 年度“余绪缨奖学金”颁发大会，余老师寄语参加的青年学子，“前沿求索几度秋，无忧无畏更无求！纵有浊浪连天涌，巍巍砥柱立中流！”

作为科研助手接触余老师多了，我发现余老师也是性情中人。

余老师爱生如子，对自己的弟子，毫无保留地在学业和生活上给予关爱。

我们这届余老师带的博士生，常去余老师家改善生活。红烧肉是余老师挚爱，每有红烧肉，会像孩子般快乐地说，“今天有红烧肉”。

余老师最喜欢看金庸的武侠小说，跟我们聊到金庸小说时，记得有一次说起老顽童周伯通，余老师兴奋得滔滔不绝。余老师对我们学业、生活、家庭都很关心，有时开玩笑担心我们这些女弟子“成为灭绝师太”，让我们做好工作和生活平衡。

余老师关心已经毕业的师兄、师姐，每当他们打电话或者登门拜访时，都很高兴，与他们谈论国际形势、国家大事，常常还关心小家的情况，殷殷教诲与关切溢于言表。余老师不仅关注弟子，而且对厦门大学会计学科建设也给予了很好的学科建设规划和建议，晚年仍旧参与教育部人文社科重点研究基地和国家哲学社会科学创新基地的重大项目。

2022 年是余老诞辰 100 周年，我有幸参加于增彪教授组织的“中国管理会计里程碑纪念余绪缨教授百年诞辰”活动。回首 16 年实践工作，余老师引荐我去中化集团，从而让我将博士论文的预算管理主题书写到实践，全面预算管理将会计与管理有机结合，上承战略，下启经营计划落实，在战略落地和决策支持上发挥了很好作用。尤其是 2019 年我更是有幸成为先正达集团在中国的一员，如何发挥中国团队的作用，百思不得其解时拿起余老师美文，如同和余老师对话。到余老师到堪称管理会计发源地的美国进行管理会计这一领域的学术交流，并能取得很大成功，尤其是受到会计师资实力雄居全美学校第一的伊利诺伊大学的推崇，按余老师解释，“唯一的窍门，就是下功夫去吃透和创新”。“吃透”就是“原原本本而不是皮毛般地学习西方管理会计”，“创新”则是“将西方管理会计的精华与我国国情、我国经验有机结合起来，搞出自己的特色，对我国真的有用”。得益于余老师的真传，我在先正达集团踏踏实实学习完整的预算管理体系，认真执行过程中每一步骤，预算确实在一流世界公司的整合中发挥了充分的作用。

仔细回首余老师传道、授业、解惑，念念不忘的是余老师学术前瞻性。如智力会计、体验经济即是今日也不过时。余老师秉持“以我为主，博采众长，融合提炼，自成一家”的原则，“崇洋但绝不媚外”的风骨和“自信洋溢”的风采常常浮现眼前。拜读余老师的力作，深深感受到余老师那种摒弃功利、追求长效和恪守“文章千古事”的大家风范。余老师不仅提供学业事业的起点站，后续知识的补给站，更是心灵深处永久的港湾。

看《奥本海默》电影，爱因斯坦出现过几个镜头，那立着的卷曲花白头发与知识分子良知，让我马上想到余老师。爱因斯坦说过“一个不在反对核武器扩散条约上签字的科学家算不得真正的知识分子!”爱因斯坦曾强调指出，进行科学研究，“要有两类自由，一是外在的自由，不会因为发表不同的观点而受到压制；二是内心的自由，内心的自由就是要有自由的思想，不要总是拘囿于传统的理念”。想起余老师一直强调知识分子能不计个人的利害、得失和安危，义无反顾地披肝沥胆，为了坚持正义和真理而大声疾呼，这对于一个学者的良知、良心和品格是一个极为严峻的考验。余老师一生倡导并践行陈寅恪先生的“独立精神、自由思想”。我想这是我一生敬重余老师的原因。入学时，余老师曾写一首诗，题为“寄语门下博士生”：“世人徒重博士名，百炼千锤博士魂；灼见真知传久远，铮铮铁骨傲群氓！”余老师常提起顾准就是在多个学科领域有杰出成就的学者，更是一个伟大的思想家，中国知识分子中有作为的年轻一代，应永远以他作为学习的榜样！经常被余老师挂在嘴边听着陈寅恪、顾准等人生，润物细无声，这些都潜移默化地影响着我后来工作态度和作风。余老师精益求精的工作态度和高度自律的精神一直鼓励着我。余老师深厚的古诗文功底，对音乐的热爱，让我看到世界的精彩。余老师强调“文理兼通”“德才兼备”的新观点，让我在对孩子教育上关注文科通识的培养。

尽管余绪缨余老师已经离世十余年，但其管理会计思想与追求学问的纯粹精神却依然活着。

难忘师恩，缅怀余老师！

著书立作　言传身教

——追忆导师余绪缨教授

2003 级博士生　许　云

2003 年 6 月我有幸考入余绪缨教授门下，成为余绪缨教授的一名博士生，在攻博期间，得益于余绪缨教授的谆谆教诲，领略了余绪缨教授的大师风范，做人做学问等各方面我受益良多。以下通过对余绪缨教授在治学、生活和对学生关爱三方面的回忆说明余绪缨教授对我的教育和影响，同时也借以表达我对导师的思念。

治学

1. 严谨认真

我有幸做过余绪缨教授两年的工作助理，在此期间有机会近距离接触余绪缨教授和他的治学过程，充分感受到余绪缨教授治学非常严谨，他撰写的文章大多是他过往研究成果基础上的再发展和再创新，他最新的研究成果都是亲笔手写而成，一旦有借鉴他人文献，他一定标注得非常清楚。在初稿形成后，余绪缨教授会反复斟酌、推敲、修改，就像一位大师在精雕细琢一件精美的工艺品一样全身心地投入，直到文章实现了“信、达、雅”的标准才会最终定稿。定稿后，除了对外发表，余绪缨教授还会及时地组织学生们讨论分享，围绕着论文中的新观点、新内容进行阐述和答疑，从中学生们不仅学到了管理会计最新的研究成果，同时也跟导师学习了如何潜心地治学研究。

2. 不断创新

除了严谨认真外，余绪缨教授的研究不断推陈出新。仅在我比较清楚的2003～2005年间，余绪缨教授在管理和管理会计研究方面就发表十多篇开创性的学术论文，还出版了《余绪缨综合文集》、《管理会计》（与谢灵、郭丹霞两位教授合著）、《管理会计学》（与汪一凡、毛付根、胡玉明三位教授合著）、《成本管理会计》（与台北大学王怡心教授合著）等专业著作。余绪缨教授的创作紧跟时代前沿，运用深厚的专业和人文功底不断探索管理和管理会计领域出现的新问题，并一一给出了解答。

以体验经济［The Experience Economy，（c）1999 by B. Joseph Pine Ⅱ and James H. Gilmore，Harvard Business School Press. 中文版由夏业良、鲁炜等译，机械工业出版社，2002年5月第1版］的研究为例，余绪缨教授早在2005年7月就发表了《论体验经济与管理及管理会计创新》一文［见《厦门大学学报》（哲社版）2005年第4期］，当时体验经济还只是一个新名词，余绪缨教授已经敏锐地觉察到体验经济的形成以及未来发展的趋势，意识到随着社会进入富裕阶段，人们在满足基本生活需求外，还会追求非物质性的体验消费（包括各种休闲性、审美性、娱乐性、享受性的消费）。时隔20年后的今天，无论是“绿水青山”的旅游经济，还是诸如皮影戏的文化创意产品，无不充分印证了余绪缨教授前瞻性地研究“体验经济”的必要性，回头再看余绪缨教授在文中所提出“管理会计可以运用‘市场评估机制’掌握以‘文化价值’为主体的企业价值运动”的观点，无疑是研究管理会计如何跟踪反映体验经济下的“文化价值”问题的开创之作。

余绪缨教授这种“勇立潮头、不断开拓”的探索精神，让身为后辈的我们没有理由裹足不前，重温余绪缨教授不断创新的探索精神，更应当与时俱进地紧跟时代脉搏，刻苦钻研，争取在各自的岗位上做出更有价值的贡献。

3. 学术交流

余绪缨教授不仅著书立作，他也很重视学术交流。2003～2006 年他多次受邀上公开课，比如，2004 年《知识经济条件下，管理柔性化的新特点与高层次柔性化管理人才的培养问题》《杰出管理人才核心能力的培养与相关问题的探讨》，2005 年《管理与管理会计理论研究中的几点新见解》（第五届会计与财务问题国际研讨会——当代管理会计新发展）（见图 1）、《再论管理会计学科建设的方向问题》、《对高层次人才评价中几个基本理论问题的新认识》、《寄语参加“余绪缨奖学金”第三次发放会的青年学子》，2006 年《认识、研究管理、管理会计与相关人才培养的新视野》。

上述公开课的内容大多涉及管理人才的培养方向和方法，余绪缨教授特别强调人才“软实力”的培养，即人文素质和创新能力等综合素质的培养，这正是市场竞争、人才竞争日益激烈的今天所需人才的特质，只有具备“软实力”的高素质和高技能，才能从激烈的人才竞争中脱颖而出，才能助力企业在激烈的市场竞争中更胜一筹。回想起来，余绪缨教授早已将成才之路分享给学

图 1　2005 年 7 月由厦门大学会计发展研究中心和厦门大学会计学系联合举办的第五届会计与财务问题国际研讨会——“当代管理会计新发展”，余绪缨教授在做主题报告

生们，寄希望于后辈学生能够充分领悟并努力实现。

生活

工作之余，余绪缨教授会写诗，这是他“言情、言志”的方式，诗集的出版可见《管理、管理会计理论与实践的新发展——余绪缨教授从教六十周年师生纪念文集》（2006 年暨南大学出版社）。余绪缨教授的诗作，包含了他对学科建设的思想，如 2005 年作“再论管理会计学科建设的方向问题”的报告后赋诗：

同窗共研“济世经”，由技入道意精深！
道山无路“灵”为径，“积学储宝”贵虚清！

也包含了他对学生寄予的厚望，如2004年：

同04年、03年入学博士生欢聚感怀

旧雨新知乐同窗，风云际会气昂扬，

索本求源共开拓，探微究隐觅新章；

师生情重互慰勉，甘苦从来乐共尝！

他日得遂平生愿，南天一柱显辉煌！

余绪缨教授的诗作，既体现了他深厚的文学功底，同时又与他研究管理会计的思想一脉相承、交相辉映，我个人认为其核心是强调重视管理会计人文化的研究，提倡学生要主动学习中国优秀传统文化的精髓，增强人文社会科学的素养，推动管理会计理论和实践向综合性的“软科学”方向发展，这既为管理会计学科发展指明了方向，又给从事管理会计研究和实践的后辈们指明了前进道路，这也是余绪缨教授管理和管理会计思想的独到之处。当前国家重视创新研发、倡导弘扬中国优秀传统文化为社会服务的大时代需求，也再次印证了余绪缨教授前瞻思想的正确性。

余绪缨教授日常生活还包括创作素材的收集，比如读书看报，是他收集新闻、了解社会动态的重要渠道，每每重要的内容，他都会裁减并保存收集，作为后续他写作的新素材。优秀的影视作品，比如《三国演义》和《红楼梦》，以及经典的诗词歌赋，比如王勃的《滕王阁序》名句“落霞与孤鹜齐飞，秋水共长天一色”，司马迁《史记》的名句“究天人之际，通古今之变”，苏东坡的《水调歌头》等脍炙人口诗词都是余绪缨教授日常生活喜欢的作品，也是他经常跟学生们谈及的人文佳作。

余绪缨教授的创作取材还有来自于闲暇时与学生们出游，比如2005年同来自全国各地博士生到厦门市万石岩游园，余绪缨教授创作了：

4月24日畅游万石岩有感

两岸三地乐同游，层林青翠鸟声啾！
胜景喜人影奕奕，海天遥望思幽幽！
乐山乐水情无限，兴文兴国信可求！
纵有浊浪连天涌，巍巍砥柱立中流！

可见生活的点滴与余绪缨教授心怀国事、开创研究的思想也都融汇到他的诗作中。

对学生的关爱

余绪缨教授对学生非常关爱，给学生们大家庭般的温暖。有时学生在他家工作到饭点，余绪缨教授总是留学生在他家里吃饭，他自己吃得不多，但总叮嘱学生们多吃，担心学生没吃饱。外地来的学生或是已经毕业回校看望他的学生，他总会抽时间见见面、聊一聊，总会嘘寒问暖，对学生的工作和生活询问询问，如果学生遇到困难他总会主动给出建议帮学生解决。对学生的论文他会严格要求，从论文开题到修改到定稿全过程，他都会花费大量的时间和精力悉心地指导。学生毕业，他会给招聘的单位亲笔写上推荐信，每每想到此不禁感动泪目。

除了学术研究外，他还鼓励学生积极投身实践，做到“读万

图 2　毕业时与导师余绪缨教授合影留念

卷书、行万里路”，他对社会实践经常用“波澜壮阔”来形容，他觉得在实践中同样是大有作为。有时师生聚会时他还会讲以前带学生到福建长汀实习的经历和介绍工厂“班组制”在管理会计实践中的价值。

以上点点滴滴的回忆，仿佛昨日，余绪缨教授的著书立作和言传身教都深深地影响着我，我毕业后选择了在制造业企业工作，也希望把在校所学的管理会计理论知识应用于实体制造业中，沿着余老师指引的方向，在“波澜壮阔”的实践中不断地领悟和推动管理和管理会计人文观价值。诚如上所言，毕业后 20 年的今天，很多社会经济发展和人才素质现象都印证了余绪缨教授文章中的前瞻思想，不能不让人感叹余绪缨教授的远见卓识。后续我还将继续沿着余绪缨教授注重管理会计的人文思想、培养自身人文素质的方向努力，为管理会计发展贡献来自实践的力量。

宁静以致远　淡泊以明志

——缅怀我的导师余绪缨教授

2003 级博士生　张明明

王平老师引荐我去拜见先生

1982 年夏天，我从东北财经大学会计系毕业，分配到辽宁省纺织工业厅。当时政府的各个部门都青黄不接，财务处先后分配去了本科生、大专生，还有中专生。其中有一个叫欧阳少平的女同志，工作精明干练，因为是沈阳财经学校大专毕业，比我早到纺织厅一年。有一年的春节，我到她家里拜年，碰到了她的妈妈——大连理工大学管理学院的王平教授。之前在与欧阳少平的交往中，已知她的父母都是上海交通大学解放前的大学生，爸爸

图 1　我与余绪缨老师

曾任东北电业管理局（东电）的总工程师，妈妈曾是东电财务部的负责人。对东电的情况我不陌生，东电的党委书记、局长庄进同志的女儿是我小学、初中同班同学，发小朋友。所以我和王平老师一下就聊得很近，也很深。王平老师高雅的气质非常令人尊敬，后来，我调到东北大学当了老师，跟她的交往又进了一步，我到大连出差，会去看望她，她和我谈到余绪缨教授在大连培训中心的授课，非常敬仰。1988 年春我要到厦门大学国际会计和国际税收师资班进修学习，特请王平老师写一封信，引荐我去拜见先生，她欣然同意。由于有引见，我和先生相处很轻松。余老师非常平易近人、对学生和蔼可亲。放假后回厦门大学，应该给先生带点东北的特产，当时，只有东北大米小有名气，但是沈阳到厦门路途遥远、辗转，我只带了 5 斤，送给先生时有些忐忑，拿不出手啊！但先生一看，乐了，说：礼轻情义重啊，这么远的路！

令人感动的是，2006 年博士毕业时，先生的《管理、管理会计理论与实践的新发展》一书刚出版，离校前，他让我帮助做一件事，把这本书寄给他学界的一些朋友们，记得其中有郭道扬、郭复初等老师。他特别提到王平老师，说不知是否还健在，是否能联系上？想寄一本书，我告之，她的女儿后被提拔任财务处副处长，但已经移民日本，就再也没有联系了。几十年过去了，余老师对王平老师这些老朋友一直念念不忘，而且还记得我和她的关系。

厦门大学春风沐雨般的培养

1988 年春，我进入邓子基老师主持的由世界银行和国家教委联合主办的“国际会计和国际税收师资进修班”学习，厦门大学选派的都是各领域的优秀老师，还有福州的一位税务局局长，并聘请了多位外教。先生没有在这个班任课，于是就到他的研究生班听课，只要课不冲突，我都会如期而至，同时听的还有吴水澎老师的研究生课。这些大师级老师们的授课，大大开阔了学术视野和研究思维，让我在学海中如醉如痴；还有令人难忘的图书馆，不但有各方面的丰富藏书，还有那每人一盏温柔台灯下的夜读思考。对于重点高中毕业、经历“文化大革命”、当了10年农民工人、已经40岁的我来说，感觉是人生中最宝贵而甜蜜的时刻。正因为在东北财经大学读完本科、在东北大学工作5年的经历，让我深刻体会到，对于会计及相关学科，厦门大学的学术底蕴是何等的深厚，无与伦比！其学术思想的深邃、前沿和国际化，带给我一片崭新的蓝海，这种感受，是年轻人所体会不到的。所以每天我都是最后离开图书馆，只要课程安排开，都会出现在其他课堂上。在厦门大学的校园里，我如饥似渴地吸收更多的知识，广泛拓宽学术视野，这次学习，影响了后来我的学者生涯。

我跟邓子基老师提议：东北大学读满研究生课程的学分，可以申请硕士学位，厦门大学也具有这样的办学资格，邓老师听后欣然接受了这个建议。在这期进修班结束后，继续办了一期“国际会计和国际税收师资提高班”，两期班的课程可以读满研究生的学分，这就为后来能成为常勋老师的硕士、余绪缨老师的博士创造了条件。一个“文革”前的老高中生能在30岁上大学，40岁后读硕士，50岁后读博士，这在今天看来也是恢复高考后的一个奇迹，也将成为我国高等教育史的特例。所不同的是我的硕士、博士学位并不是人生越级升迁的敲门砖，只是学者生涯艰苦跋涉的加油站。这里我要为厦门大学在改革开放后具有开拓性、开放的办学精神，不拘一格培育人才的魄力和大师级高质量的教学水平叫好和点赞。我深深地感谢余绪缨老师、常勋老师，也深深感谢邓子基老师、吴水澎老师，他们都是我的恩师。80 年代，厦门大学的这些学习班为中国的改革开放、经济转轨、走出国门、进入国际市场竞争培育了一批批的人才。

从厦门大学学习后，我在东北大学的教学方向转为国际会计，于是和东北财经大学会计学院的副院长吴大军合作，组织班子编写了一本《国际会计》教材，作为东北大学和东北财经大学两个学校这门新课的教材。同时尝试开拓国际财务管理这个领域，酝酿编写一本新的教材。在厦门大学第一次听到美国教授讲授这门课的内容，这是美国 80 年代后才开始兴起的一门学科。1990 年，在当时艰难的环境下开始筹划、收集资料、拟定结构大纲，1993 年末，我独立撰写的《国际理财》著作完稿，由东北财经大学的邓廷芳教授主审，在她的推荐下，1994 年春交东北财经大学出版社出版。我给先生写了一封信，希望他能对这本新书给一个评阅的意见，并寄去了 36 万字之多的打印稿。同年 5 月，先生在百忙之中回复了对该书的评阅意见“《国际理财》是我国在财务管理学科领域具有较大开拓性的著作，其中第二篇外汇风险管理尤具特色。综观全书，作者立足现实，展望未来，立足国内，放眼世界，博采众长，洋为中用。在认真钻研中外丰富文献的基础上，通过批判地吸收、消化，对国际理财的基本理论、方法和实务做了全面、系统的论述。学术视野宽广，且内容丰富、结构严谨，著述思想有较大的超前性……”先生的评语对我是一个极大的鼓励，它坚定了我把这项工作继续做下去，并做得更好的决心。①更感人的细节是，先生的评阅稿是在草稿的基础上又重新誊抄的，娟秀的小字一丝不苟。不久东北大学进行职称评定，书还没有出版，提交的是书稿和先生评阅意见，由于先生的评阅意见分量很重，顺利过关。多年来我作为宝贝珍藏着先生的这份手迹，一直到胡玉明收集先生的文物送会计史博物馆，才恋恋不舍捐出。

弥足珍贵的“余门弟子”读书岁月

读先生博士生的念头源于 2001 年 12 月离开邯钢时，邯钢的副总经理、总会计师李华甫问我，我们主持的国家 863/CIMS 重点应用示范工程，历时近 4 年，上的很多系统都运行了，但是否能解决他最关心的一个问题：企业生产的多种产品，能否明确哪个产品赚钱，哪个产品不赚钱？我把这个问题概括为“企业家之问”，非常具有代表性，但是目前的成本核算方法解决不了。探索的路还有很长，现有的知识差得远！经过前段深入企业理论联系实际的研究，有了实践的积累，我想在先生的门下，静下心来，好好地看看书、充充电，思考一些新的、更深入的问题。

邯钢的李总，是“邯钢经验”的创建人，1952 年毕业于厦门大学，自愿去参加新中国的钢铁工业建设，他对老师满怀深深的敬意。2000 年夏，许金叶突然来邯钢找我，说要到邯钢调研。我去找李总，告知他是余绪缨老师的博士生，于是李总为他在招待所免费安排了吃住，并亲自带他到生产现

① 《国际理财》前言 P3，张明明、陈玉菁编著，百家出版社，2001 年 2 月。

场考察，令我惊讶的是，还在星期天带他去了公园。而财政部会计司长一次在河北省财政厅厅长陪同下来邯钢调研，李总却因有事没有出面。这件事让我体会到李总对余老师的爱戴之情和对母校的高度重视。后来李总回母校开会，先生也隆重地接待了他，还送了珍贵的礼物。

2002 年秋，我调到杭州电子科技大学。2003 年，向厦门大学提交了攻读在职博士（论文博士）的申请和资料。我和先生已经认识多年，但是在资格审批的这个环节却没有关照，而因为是在职博士，要求更为严格。在研究生院通过了我的资格审查后，他给我打电话说：因为现在读在职博士，有钱、有权的都能读，但我要保持晚节，所以研究生院通过了对你的审核还不够，我还要另组织一个评审委员会对你进行单独审核。这件事，足以表明当时先生对在职博士招生应该严格把关的明确态度。具体情况，我在欧阳清老师的回忆文章中已经讲过，就不再重述。2004 年春，我的审批通过，终于成为了余门弟子，而且是他唯一的教授级在职博士。先生把他的新作《余绪缨综合文集》签名并亲自写好邮寄的

图 2　师生一起开学术研讨会的快乐情景

封面第一个寄给了我，表达了他的认可和关爱。我开始参加他的各种学术活动，这是我学者人生最幸运的事。博士毕业时，我和老伴一起和先生合影，这也是我们家最幸福的时刻。

一起入门读书的年轻博士们和我则是两代人，这种年龄，还有这个机会能成为亲传弟子，何其弥足珍贵！为欢迎新同学们的到来，余老师特赋诗一首：

迎新感怀

旧雨新知乐同窗，风云际会气昂扬，
索本求源共开拓，探微究隐觅新章；
师生情重互慰勉，甘苦从来乐共尝！
他日得遂平生愿，南天一柱显辉煌！

余绪缨

2004 年 4 月 17 日

先生的博士研究方向是“现代管理会计”，就是新时期管理会计的创新发展。进入 21 世纪，经济全球化和知识经济浪潮冲击着方方面面，步入 80 岁高龄的先生向管理会计人文化方向的发展积极开拓，硕果累累，与美国把管理会计仅作为工具所不同，更具有文化、思想的内涵和人文管理的高层次。为当代管理会计的创新发展留下了宝贵的财富。他提出了“人本管理”“智本管理”等系列概念和论述，而且从研究思维的新高度来推动现代管理会计的创新发展；他指出：泰罗创立的科学管理（scientific management）把工人看作是机器设备的附属品，使人性物化，因而是一种非人性化的“物本管理”。他致力于中华民族文化对管理会计影响的研究，精辟地论述：我国是一个具有五千年文明史的国家，其闪耀着“东方智慧”灿烂光芒的传统文化博大精深、源远流长，其中包含了许多历久常新的重要内容。因此，我们应当加强民族自尊、自重、自信，继承、发扬我国传统文化的精华，在当前我国的现代化建设中充分发挥其承先启后、继往开来的作用。对于西方文化中优秀的部分要“加以消化、吸收和利用。通过古今融汇、中外融汇，就可博采众长，达到‘古为今用，洋为中用’的目的。”这些先生20多年前的论述，是何等远见卓识和高瞻远瞩！

先生这一时期的研究成果非常丰厚，这些论述为中国特色管理会计奠定了理论基础。我们应该很好地学习、领会、继承和发扬。运用得好，可以解决当前工作中很多误区和难点。例如，多年来对脑力劳动者考核指标体系的设计，很多就是“物本管理”思想的产物，实际影响了中国智力劳动的创新和智力劳动的有效性。当今会计界为符合美国标准的唯实证至上的研究，有多少能经得住历史的检验，这些就是考核指标导向的结果；在其他领域也有很多困境，很多KPI指标的设计，缺少对“人本”、脑力劳动规律性、如何调动人的积极性的本质思维，而被西方的文化、金钱至上牵着鼻子。

会计学本是枯燥的，但在先生的博士生课堂上，他深入浅出地分析中华传统文化的深邃思想与管理会计哲理的创新，大量的引经据典足见其深厚的国学功底，中外融汇、博古通今；先生讲课特点是旁征博引、古诗词随口拈来，非常丰富生动。1966年前，我上高中时受过语文老师——金庸的前辈、卧虎藏龙的作者王度庐先生授课的熏陶，故能深深领悟到先生学问的博大精深，其知识的深度、厚度、广度和授课方法，真是后来者再难以企及！而且是独门绝有。坐在课堂上，徜徉在这渊博的知识海洋中真是无比的快乐和享受！作为先生的博士生们很是幸运和偏得！

先生经常做讲座，在他的弟子讲座费已经非常昂贵的时期，先生的讲座是免费的。为了听先生的讲座，如果碰上我在杭电工作，就在下午四点坐飞机，七点前准时进入先生的课堂（当时飞机不误点）。我给杭电学生上课时，会热情介绍厦大，鼓励毕业生报考厦大的研究生，鼓励他们去听余老师的讲座。一次先生做讲座时，我陪他进入教室，坐在前面的几个学生一下子站起来和我打招呼，并自我介绍是我的学生，我忙问：是东北大学的学生还是杭电的学生？回答："是杭电的学生"，我感到非常的欣慰。

图3　余老师讲座后和学生的合影

图 4　讲座座无虚席，后面的学生站着

图 5　在余老师家里一起讨论

难忘的博士生作业与答辩前的考试

在读博期间，要求交两篇作业，也就是两篇论文。以此为契机，我在图书馆博览群书，从经济学开始，读到管理学，到管理会计再到成本管理，从国际前沿到中国实践，深入思考系列问题，交的第一篇作业题目是《对中国式管理会计的特点与发展的思考》，主要从管理会计发展的历史兴衰总结了中国式管理会计的特点，从而提出中国如何发展管理会计的建议。先生认真看了我的作业后特跟我说：你的文章写得很好，而且文笔功底也很好。先生一向对学生要求严格，这些话深深鼓舞了我。一次先生会见客人，我在场，他说："明明在厦大读书，是为学问而来，而不是为学位而来"。这番话深深感动了我，他懂我。他曾赠我们夫妇一首诗：

赠明明、义军同志

余绪缨

明德尚义训森严，
自强不息志弥坚！
伉俪情深互慰勉，
百尺竿头再攀登！

图6　答辩后，余老师与我和丈夫郑义军合影

这首藏名诗充满期望、鼓励和深深的慈爱。

按厦门大学规定，在博士论文答辩前要进行考试，先生为我安排得很特殊，是一场面试，由他主持的多位教授组成的考试委员会，轮番提问。其中先生提的问题是：“你认为中国有自己本土的管理会计吗”？我想了一下，很坚定地回答：有！于是介绍了“邯钢经验”。这时离开邯钢已经6年了，那些在邯钢日日夜夜的研究和探索为我后来思考建立中国特色管理会计奠定了基础。厦门大学毕业后的多年，我的讲座或学术报告之一一直是围绕“管理会计的发展与中国式管理会计建立”的内容，2013年由我主持的“中国特色管理会计案例研究”在中国总会计师协会立项，我带领由一线财务人员和大学老师组成的实力雄厚的团队历时6年完成了《中国特色管理会计在浙江的创新与应用》71万字的专著，在当年作业思考的基础上大大跃上一个新台阶。中国特色管理会计是现代管理会计的重要组成部分，它将推动现代管理会计的新发展，也是先生的遗愿，我也会继续锲而不舍深入地耕耘。

我的博士论文的内容是我们所开发的成本管理信息系统中指导数据库设计的理论创新，由于中国工业化的发展水平有限，系统一直处于理论研究阶段。中国制造2025规划推动了企业陆续上马MES系统，逐步具备了软件运行的条件。从2017年进入企业进行实地的运行研究，先后在两个企业完成了“理论样机”和“工程样机”两个阶段的应用研究，历时近7年，2023年12月回到杭州，下一步进入实际应用阶段。

先生活到老、学习到老、工作到最后，这些人格的魅力和人生的榜样永远影响着我。他生前的愿望是“但愿门庭学子贤”，我们要牢记导师的心愿和遗愿，“索本求源共开拓，探微究隐觅新章”；“他日得遂平生愿，南天一柱显辉煌！”作为弟子，要尽绵薄之力来传承先生所创建和开拓的现代管理会计新发展的事业。

追忆恩师二三事

2003 级博士生　丁清光

我与恩师的缘起

1993 年 6 月，我有幸第一次见到了恩师，当时葛家澍、余绪缨和杨时展三位著名的会计学家出席了我所在的江财 90 届会计学研究生答辩会。作为即将毕业的硕士生，我们对这三位学术大师的教材或文献有所涉猎，心怀敬畏之情。他们虽年逾古稀，但精神状态都非常好。尽管恩师已满头银发，但依然显得精神矍铄，倍显学者风度。作为 20 世纪 80 年代大学工业管理工程专业的本科生，我早已接触过葛、余两位学者的《会计学原理》和《管理会计》教材。1983 年中国财政经济出版社出版的《管理会计》教材更是我本科学习中最重要的专业基础之一。可以说，尽管后来经历了会计学硕士和博士学位的教育，我的管理会计学理论和实践认知不断提升，但这些基础都是在本科阶段打下的。三十年来，在我的财务管理实践中，这些基础起到了不可替代的作用。当时，对我而言，虽然跨越了本科专业，获得了一个会计硕士学位，但只能算是迈入了会计学这个领域的大门，仍然缺乏实践经验。因此，面对会计学界的泰斗们，我心怀敬畏，却不敢有其他任何奢望。受当时博士生名额稀缺等社会环境以及个人条件的限制，我无法想象未来会成为余先生的博士生。然而，回想起与余先生的相遇，我深感这是人生中最美妙的一次邂逅，仿佛是命中注定的缘分交织。

图1　1993年6月江财会计专业93届硕士研究生论文答辩合影，前排右起分别为余绪缨、葛家澍、杨时展教授及夫人

恩师博大的胸怀和包容心

2003级博士生复试之前，我遭遇了一场至今难以忘怀的窘境。复试前一天，突然接到单位的指令，要我在复试当日下午赶到北京参加财政部组织的一个会议。我迫切需要请导师帮忙协调复试时间。情急之下，中午接近1点的时分，往恩师家里拨了电话；接电话的是先生本人，显然他是从午睡中被我的电话吵醒，从他当时说话的语气中可以感到很生气：“你是哪位啊？这么不懂规矩，在午睡时间给人打电话！”当时，我意识到这件事必将在恩师心目中留下很不好的印象，凭阅历断定肯定会影响博士生的复试结果，因此为自己的行事鲁莽和不周全深感懊悔。然而，事情的发展出乎我的意料，我竟然顺利通过了复试，成为了恩师的博士研究生。我内心倍感惊讶和欣慰。入学后，恩师从未提及过我当时的唐突，这进一步彰显了他的博大胸怀，以及严于律己、宽容待人的品质。特别是对于晚辈不慎的冒犯，他展现出了超凡的包容心，让我深受感动和敬佩。

图 2　2004 年 12 月，余绪缨教授给 2003 级博士生上课

恩师对我们的影响

先生具有高尚的品德和博大的胸怀，他注重身教胜于言传，持续不断地给每一位学生提供正能量，潜移默化地影响着我们的人生。除此之外，先生对我个人还有许多特别的帮助。

作为典型的 20 世纪 80 年代高考理科生和本科工科男生，相比数理化，我的语文水平明显不足。在报考和攻读博士期间，受到了先生语文方面的熏陶，至今受益匪浅。从准备入学考试开始，我就查阅了先生已经著录的文献资料，阅读他的文章让我感到心情格外舒畅。他的文字简洁明了、行文流畅、自然通顺，绝无矫揉造作之意。后来我才得知，先生出身于书香门第，从小就受过私塾教育，古文功底深厚。我还拜读过他的诗词作品，见过他当场赋诗，听到他与热爱诗词的同学一起唱和，情致盎然，令人感叹。有一次，与同学谈及林觉民，先生当场背诵《与妻书》，让我对他的文学修养和记忆力钦佩万分。受到这种氛围的影响，我开始学习国学书籍，以提高自己的语文水平。

先生还跟我们谈到了孩子的教育问题，以他的经验应该从小让孩子多背诵古诗词，不在乎是否理解，只要能记忆下来，将来即便不能出口成章，也肯定有益于语文能力的提升。对此，我坚信不疑。当时，我的儿子正处于践行这一教育理念的适龄期，因此我坚定地贯彻了这一观点。结果我儿子长大后汉语和英文均有异禀，也进一步验证了先生的教育理念。从这一点来看，先生不仅改变了我，更影响了我的下一代，我由衷地感谢恩师。

图3　2004年12月6日上午余绪缨教授与2003级和2004级博士生利用投影讨论教学问题

恩师的晚年生活

恩师已迈入80岁高龄，然而他并未停歇笔耕之勤，持续深入研究管理会计人文化领域，同时潜心培养博士生。对诗歌的钟爱与对学术的求索并肩伴随终生。2006年12月6日，他已经年届84岁，却仍铭记着“前沿求索几度秋，由技入道勇探求，攀登莫负平生愿，巍巍砥柱立中流”这番话。先生不仅有着诗人般的浪漫情怀，还对中国古典音乐情有独钟，同时也欣赏具有深意的现代流行曲目。2004~2006年间，他偶尔与我们一同前往量贩式KTV，每次都全神贯注地倾听学生的演唱，尤其喜爱古典诗词改编的曲目，如《滚滚长江东逝水》和邓丽君的《独上西楼》等。我们同届的许云同学音质出众，尤其擅长演唱《滚滚长江东逝水》，成为了恩师心中的经典。周末时，先生还喜欢和在校学生一同到野外活动，其中两张照片记录了2004年冬天和2005年春天的两次植物园之旅，还有一次海滨春游，虽无照片，但有其诗作《偕青年学子到海滨春游有感》：“莺飞草长好风光，百川聚集显辉煌！浮沉得失何足论，霁月清风意自长！”以上这些，如今看来颇似现时流行的团建活动，展现了先生活跃的思想、超前的理念以及对生活的热忱。

敬爱的余老师，永远活在我们心中！

图 4　2004 年 12 月余绪缨教授与 2003 级、2004 级博士生一起游览厦门植物园

追忆恩师余绪缨先生

2004 级博士生　解群鸣

2007 年 9 月，我的博士导师、我国著名会计学家余绪缨先生逝世，到如今已经近 17 年了。作为余绪缨先生的关门弟子，我也从当年风华正茂的青年，变成头发半白的中老年，时光易逝。这些年我总想起余绪缨先生，余绪缨先生的音容笑貌总是浮现在我眼前。

我是 1997 年参加全国统考，考入厦门大学会计学系硕士研究生，在此之前，我在江西永丰当过 5 年中学数学老师，江西永丰是欧阳修的故乡，物华天宝，人杰地灵。

1989 年我高考没考好，当年高校减少招生，我的分数离本科只差几分，而往年可以上本科，当年只好去了江西吉安师专数学系。开学第一天，校长说我们专门培养农村初级中学教师，我一听心里都是凉的，学校还不开英语课，每天上好几门数学课，学得人昏头昏脑。

1992 年从吉安师专毕业后，我回到老家江西永丰当数学老师，从初一教起，当班主任，教两个班的数学，每个班 70 多个学生。中学数学老师非常辛苦，蜡炬成灰泪始干。由于不会发声，每天吃粉笔灰，我的声音都沙哑了，得了咽喉炎。我觉得自己不适合当中学老师，开始自学英语，准备考研，当时想考工业经济或企业管理，弄来四川省社科院研究生试卷一看，专业课就 4 大论述题，每题25分，我想自己一点把握也没有。

后来想会计与数学相近，考题做得对不对，有个客观标准。那就考会计学的研究生吧，要考就考中国最好的会计学系，当时小县城还买不到会计教材，我冒昧地给余绪缨先生写了一封信，请余绪缨先生帮忙弄一本管理会计教材，师兄林涛还代余绪缨先生给我回了信，我感到莫名的感动，心想一定要考上厦门大学会计学系，才不负余绪缨先生和师兄的关爱，这是我第一次与余绪缨先生结缘。

1997年1月，在寒冬腊月中，我在江西吉安参加了研究生全国统一考试，考完了心里也没底，3月份欣喜若狂地收到厦门大学会计学系复试通知书，4月份我来到春暖花开、面朝大海的厦门大学，复试我的是厦门大学会计学系副主任、余绪缨先生的弟子毛付根教授和其他教授，我顺利通过复试，如愿以偿地进入了厦门大学会计学系读研究生。

就读硕士研究生期间，我和唐松华同学在黄海玉同学的帮助下，进入厦门大学会计师事务所实习，帮李登河教授和蔡淑娥教授做业务。第一次见到蔡老师是在厦海发的审计现场，蔡老师像慈母一样对待我们。在蔡老师的关怀和指导下，我的会计和审计经验有了很大进步，后来我有幸成为了蔡老师的硕士弟子。

2000年7月我硕士毕业，有幸进入香港招商局集团总部财务部工作，在工作期间，我觉得有必要提高自己的理论水平，在我的硕士导师蔡淑娥教授的推荐和帮助下，我于2004年参加了厦门大学会计学博士生入学考试，考取了我国著名会计学家余绪缨先生的管理会计博士生。

2004年，余绪缨先生82岁，鹤发童颜、学贯中西、思维敏捷、思想深邃，给我们讲课如高屋建瓴，古诗词信手拈来。老先生每天早上在厦门大学芙蓉湖散步，边走边收听 VOA 英语节目。余绪缨先生活到老、学到老的精神，值得我们每个人学习。

余绪缨先生每每提到学问的三重境界，以及“板凳要坐十年冷，文章不写一句空”的治学精神。余绪缨先生一身正气、正直善良、品格高尚，有大师风范和长者风范。

2007 年 9 月，余绪缨先生去世前一周，在厦门中医院的病床上拉着我的手说：人生自古谁无死，留取丹心照汗青，同时将我托付给傅元略教授，使我于 2007 年 11 月顺利完成博士论文答辩，成为余绪缨先生的关门弟子，在此深深感恩和缅怀余绪缨先生，深深感谢蔡淑娥老师和傅元略老师，深深感谢所有余门弟子，深深感谢厦门大学会计学系的所有老师和同学们!

怀念恩师

1983 级硕士生　余恕莲

余老师离开我们快十年了，有几件事时时想起，总让我感动不已。

1982 年本科毕业，没想到学校会让我留校任教。考上大学已是意外之事，留校更是没有思想准备。厦大任教能否胜任？再加上父母年事已高，厦门离家太远交通不便，当时放弃了留校的机会。回安徽被分配到马鞍山师范专科学校，当时的师专将改为商业专科学校需要会计学教师。在高校当教师我觉得书还是读得太少了，决定报考研究生再回厦门大学读书。正好那年余老师领衔，常勋、黄道标三位老师组成的导师组，招收“管理成本会计”方向的硕士研究生。而我的本科论文选题是管理会计方向，也是余老师指导的，记得题目是“货币时间价值与投资决策”。招生名额是三名，那年只有我一人被录取。从规模经济来说，招一个学生无可置疑不经济。听说当时会计学系有老师提议让我延迟一年入学，但是余老师却坚持让我正常入学。当时的我已过而立之年，余老师认为对于大龄女学生来说不宜延期入学。

我很幸运，几位老师指导我一人，上课多为讨论，宽松自由也很惬意。记得葛家澍老师的“经济核算”就在他家的客厅里上，课间葛老师请我和赵锦爱（我本科的同班同学，回母校进修）喝茶吃糖果，一年后才有助教进修班的同学和我们一起上专业课。余老师家住敬贤楼，窗外不远处有一棵木瓜树，每次去余老师家我总会瞅上一眼，看到结出来的木瓜不知为什么都是青的？余老师家的客厅我不时地光顾，听余老师授业解惑，也听余师母的抱怨："只会做学问，只知道他的学生，其他啥事不懂不管不问。"

常老师住国光楼，在他家的小院中，看常师母逗她的小孙子常亮玩，时而常老师邀我和锦爱在他的卧室兼书房里喝茶讨论。记得1985年初夏的一个傍晚，常老师、黄老师还有陈仁恩老师邀我在国光楼后面的坡道上乘凉散步，讨论成本问题。黄老师的眼睛不好，迎着落日的晚霞，脸几乎贴到纸上看我写的论文提纲。老师们的严谨、敬业，每次想起依然很是感动！老师们的精心指导，加之我诚惶诚恐的努力，我的硕士论文入选《经济学博士硕士论文选（1986）》，也给了我毕业后当教师、做科研的信心。

毕业那年恰逢余老师招博士，真是机会难得。兴致勃勃地去找余老师谈报考博士之事，没想到余老师不赞成，劝我不要读博士了。说是再读博士至少又是三年，个人问题不可再拖。可我认为事业为先，有机会就应该努力进取。不管余老师是否赞同，我还是报名考了余老师的博士。考试结果符合录取条件，但是名额只有一个，余老师选择了当时会计学系自南斯拉夫留学回国的黄礼忠老师。黄老师不知情，觉得是他挤了我，邀我一起去找余老师说情，再增加一个名额。我知道余老师是有话直说，不会更改想法的，谢绝了黄老师的好意。后来黄老师调离了厦门大学，工作被派驻香港。那次我去香港华润讲课，黄老师请我吃饭，送我礼物，陪我观光，想起来感谢又感动！

1986年硕士毕业论文答辩，余老师非常重视，请来上海财经学院（现在的上海财经大学）的石成岳教授任答辩委员会主席，答辩委员还有常勋老师、吴水澎老师，是否还有一位老师现在已经记不清了。答辩后系里请石成岳先生在南普陀吃饭，在座的有余老师、葛家澍老师和常勋老师，好像还有其他老师，但也都忘记了。当时拍照片可没有现在这么容易，不知道是费红应（1984级）同学自己有相机，还是系里的安排，答辩时费红应在现场拍了照片。那年因父亲生病，我提前答辩，答辩结束我就很快回家了。因为仓促，有的手续还是请同学代办的，更没有拿照片了。后来去香港华润上课，遇到香港什么节日放假，华润安排费红应陪我，他说他那里有我的答辩照片，哪天他回北京找出来寄给我。可是后来费红应在阿联酋，一次意外遭遇不幸。香港一见，竟是永别！费红应当年给老师和同学们拍的照片是否还有留存？

毕业后常老师建议、余老师也十分赞同，我来到北京外贸学院，即现在的对外经济贸易大学当教师。经贸大学给了我一个宽阔的平台，1988 年秋季学期美国专家回国，系里让我给研究生用英文原版教材上会计专业课，为此我的英文和专业水平都有了极大的提高。在北京遇见了我家先生，结婚生子，家庭和睦，工作顺心。这正是余老师父亲般的考虑和期望：在人生的旅途中，应该在适当的时机做应该做的事。学习是一辈子的事，何时都不迟，而有些机会错失了可能再难遇到。谁说余老师只会做学问？他拥有深厚的人文情怀，像对子女一般为学生考虑，对学生亦师亦友亦父。

现在想来，再读三年不是好的选择，余老师给学生的岂止学识！

后来我还发现余老师并不像余师母说的那样“啥也不懂”，

很有生活情趣。记得 1998 年，为纪念 1978 级入学 20 周年我们班回厦门大学聚会，女同学们一起去看望余老师，林湜给余老师带去了一条领带，余老师风趣地笑着说：“男人领带多，女士帽子多。”我是第一次听人这么说，没想到余老师竟是这么的诙谐有趣。

大约是 1992 年，余老师自美国讲学归来路过北京，我和先生去余老师下榻的宾馆看他。余老师见到我们很是高兴，问家庭谈学问，满头银发、面色红润，学者气质儒雅谦和。其间余老师说他给外孙女买了一架电子琴，暂时缺货。我说外贸大楼就在离经贸大学不远处，让余老师把提货单给我，等有了货取出来给他寄去厦门。就这点小事，后来余老师多次提及表示感谢，真的很惭愧！这么多年没能在任何方面给余老师以帮助，在传承余老师的学术研究和学术思想方面也没有任何贡献。

2005 年，厦门大学会计学系举办余老师从教六十周年纪念暨管理会计研讨会，余老师希望我能参加。2001 年我一场大病，病后有理由自我原谅，本来科研成果就贫乏现在更是落后很多。参加余老师从教六十周年的研讨会，作为余老师的弟子，得有像样的论文。我告诉余老师在限期内很难拿出论文。余老师回复说，你的论文什么时间提交都行，开会时带来也没问题。在余老师的鼓励下，我如期提交了论文。记得那次会议在厦门国家会计学院召开，到达厦门的那天晚上，我去余老师的住处看他，见余老师还在修改会议论文。那天余老师和我聊了很久，余老师询问了我的病情和恢复情况，嘱咐我如何注意养生，还告诉我他为这次研讨会写了两篇论文：一篇用中文，一篇用英文。不禁感慨，年过八旬的老先生戴着老花镜，在灯下孜孜不倦、沉思苦想，奋笔在稿纸上深耕细作，多么令人敬佩！

2007 年元旦前夕我给余老师打电话，余老师非常关心我的健康，又在电话中嘱咐我：注意身体，每天喝八杯水，走八千步。我提醒余老师不要太累，多注意身体。因私下听师兄弟们说，余老师在 2005 年已查出肝病，鉴于余老师年纪大，担心经不起折腾，家属没有告诉他实情，一直保守治疗。我觉得余老师的状态不错，一定是检查有误。然而在 2007 年 9 月，听说余老师生病住院，我给他打电话，他还说不用担心。可是不几天就传来噩耗，余老师走了！

是啊，余老师离开我们十多年了，但是他严谨的学者风范，对学生慈父般的情怀我时时想起。敬贤楼前余老师窗外的木瓜树，余老师客厅里的师生促膝，探讨问题研究论文，就在眼前，余老师语重心长的嘱咐仍在耳边。余老师为人耿直，为学刻苦严谨，为师博学。可谓初心不老，风范长存，学生不会忘记！永远怀念！

（本文原载《财务与会计》2018 年第 12 期）

忆导师

——敬爱的余绪缨教授

1987级硕士生　姚明安

2024年1月23日上午，在广东省上市公司年报编制暨公司法专题培训间隙，我遇见了久未谋面的师兄胡玉明教授。寒暄中，师兄提到余绪缨教授的弟子们最近准备出版一本有关余绪缨教授的回忆文集，问我是否也写点什么。余绪缨教授走后的这10多年来，弟子们写了很多感人肺腑又极具画面感的纪念性或回忆性文章，我虽然没有加入其中，但内心的感受与师兄师姐师弟师妹们并无二致。

我的本科专业是工业财务会计，后来之所以报考余绪缨教授管理会计研究方向的研究生，现在回想起来，一方面是因为我当时的看法是管理会计比较“数理”，不像财务会计那样局限于记账、算账和报账，而我更偏好前者；另一方面是我们当年的管理会计教材用书是余绪缨教授编著的（1983年版，该教材对我国以后几十年的管理会计教学与研究具有广泛而重要的影响），我当时在专业上虽属“小白”，但也能深深体会到编著者的严谨、细致以及替读者考虑的良苦用心，这直接诱发了我报考余绪缨教授研究生的动机。一个显著的例子是，标准成本系统中材料成本差异的分析，一般的教材要么是直接给出各因素影响的计算公式，要么是再给出一个各影响因素的替代顺序，至于为何采用这一顺序而不是别的顺序，现有教科书极少触及。余绪缨教授编著的《管理会计》则不同，它从成本管理的重点——可控性出发，指出影响直接材料成本的因素中，生产部门关注的重点是材料耗用量，而不是采购价格（应由采购部门负责），因此，不应将二者变化的共同影响（材料耗用量变化×材料价格变化）归因于材料耗用量变化的影响中，以免在考核生产部门绩效时掺杂其不可控的价格因素。余绪缨教授的这一分析框架给我之后的教学科研带来了积极的影响，我意识到，越是我们“在意”“看重”的方面，越应该在这方面有所“稳健”和“保守”——这可以用来解释现实中时常出现的“不对称”现象，比如，财务会计中为什么要奉行稳健性原则，因为投资者一般是风险厌恶型的，因而更在乎的是损失，而不是收益，于是对两个备选方案而言，应选择相对悲观的保守方案。再如，对于犯罪嫌疑人，我国为何要从过去的“疑罪从有”改为现在的“疑罪从无”，因为我国现在更在乎的是不要冤枉好人，而不是放走坏人。

《工业企业财务管理》和《工业企业经济活动分析》是厦门大学管理会计方向硕士生入学考试当年要考的专业综合课程。我之前虽然修读过这两门课（教材及参考用书不是余绪缨教授编著的），但看完余绪缨教授编著的两本教材后，仍不禁为书中内容之精彩而拍案。一个印象深刻的例子是《工业企业经济活动分析》中有关流动资金利用效果的分析。这一良好的体验无形中增强了我备考的决心。

我在备考中的良好体验还与余绪缨教授的一篇答问的文章有关，该文的标题是《余绪缨答杨秋风同志》（《会计研究》，1986）。文中，余绪缨教授对杨同志质疑的有关边际成本的两个命题（见余绪缨教授编著的《管理会计》第 117 ~ 118 页）从原书的本意等方面进行了详细的解答，并借用后者论证的方式（举例）对后者的论证进行了反驳，体现了余绪缨教授严谨、细致、风趣、机智的特性。另外，从文章的标题看，还可以感受到余绪缨教授平等待人的人格魅力。

第一次见到余绪缨教授是在厦门大学会计学系办公室外走廊，当时我正准备参加研究生入学考试的面试环节。余绪缨教授鹤发童颜、精神矍铄，他简单地问了下我的情况，给我的感觉是很平易近人。由于我的家乡口音较重，加之语速较快，面试中，余绪缨教授几次提醒我“慢慢说、别着急”。由于时间比较久远加上当时比较紧张，面试老师具体提了哪些问题，我已经大多不记得了，但有一个问题还印象深刻，就是余绪缨教授提出的经济订货量模型是否应考虑资金的时间价值。我记得自己当时做了让自己满意的回答，只是不知道因为口音等原因，老师们听清楚没有。我的硕士论文选题是关于存货控制的，应该与面试中余绪缨教授的上述提问有关。

余绪缨教授超然物外、专注学问，这一点为厦门大学很多师生所熟知，我也近距离见识过。1989 年，余绪缨教授乔迁新居，弟子们过去帮忙搬家（其实主要是搬书）。刚开始我还以为余绪缨教授出差在外，因为只看见师母忙个不停，后来才注意到余绪缨教授在书房内专心看书，一点不受周围环境的影响。搬完家，师母留下弟子们吃饭。席间，余绪缨教授一改之前的安静，谈笑风生。“鸟笼经济”一词是我第一次从余绪缨教授口中听到的。

余绪缨教授为我们讲授的课程是现代管理会计。他老人家平时对学生虽然很随和，但对学生学习态度的要求却很严。记得有一次在课堂上，同学们可能是嫌教科书（余绪缨教授自编的讲义）重，加上大夏天天气炎热，大家就像是商量好似的几乎都没有带上学习用书，余绪缨教授发现后很生气，直接宣布停课，直到大家拿回课本。大家气喘吁吁赶回教室后，老师的脸色变得温和起来，并说“做我的学生不可以是这种学习态度”。

1990 年我硕士毕业后来到汕头大学任教。9 年后，我有意报考余绪缨教授的博士生，便给余绪缨教授去了电话。担心老师可能已经忘了我（1994 年夏天我看望过余绪缨教授一次，之后就没怎么联系了），我打算先做个自我介绍。谁知我刚说出我的名字，他就说“知道了，我记得！你的口音重、语速快，数学还可以”。我向余绪缨教授表达了考博的意向，他说“好啊！你的英语现在怎么样”，我老实回答说“不怎么样”。余绪缨教授鼓励我好好准备下英语，有什么问题可以跟他的助理联系。后来因个人原因，我放弃了考博，这也成了我学术追求上的一大遗憾。

敬爱的余绪缨教授，我们永远怀念您！

侠骨柔情

1990级硕士生　吴晓阳

斗转星移八十年，此生非梦亦非烟；
满纸文章何足论，誓留清气在人间。

一眼望去，余绪缨教授像极了科学泰斗爱因斯坦，招牌式的满头银发，孩童般的纯真笑容，同样对古典音乐的喜爱，一个以小提琴抒发情感，一个以诗言情、言志，晚年都致力于大一统模型的建构，只不过一个致力于建立将四种基本作用力（电磁力、引力、强相互作用力、弱相互作用力）统一在一套物理框架下的理论，一个针对其他学科向管理会计渗透，导致管理会计学说林立、方法不一的局面，致力于建立统一的管理会计模型。

前沿求索几度秋，由技入道勇探求；
攀登莫负平生愿，巍巍砥柱立中流。

1990年，我考取厦门大学会计学系硕士研究生，有幸成为余老师的入室弟子，在那个摸着石头过河，不管黑猫白猫，只要抓到老鼠就是好猫的实用主义，变革的年代，在准备考研期间，我向余老师写了一封信，表达仰慕之情，希望成为他的弟子，他让毛付根老师给我回信称，欢迎！特别是我这种跨学科（我本科专业物理）的学生报考！给了我极大的鼓励和信心！

当年，会计界关于会计学的科学属性争论，有如华山论剑，荡气回肠。北派的“管理活动论”，以杨纪琬先生、阎达五教授为代表，南派的“信息系统论”，以余绪缨老师为代表，在那个特殊年代，需要多大的胆识和魄力破除阶级论调，正本清源，还会计科学天空一片朗朗乾坤！

余老师对待弟子和蔼可亲、治学严谨、惜时如金。我们通常傍晚七点中央电视台新闻联播的时候可以约见他，余老师一边听新闻，一边与我们交流，甚至还在吃晚饭。课堂上，余老师对我们要求特别严格，既要学好英语，同时要具备计算机运用基本技能，方能深刻理解、掌握西方管理会计，吃透管理会计精髓，特别强调要与中国国情相结合，探寻适合中国的管理会计，让管理会计适用于中国场景，在中国土壤里扎根、发芽、生长。余老师对管理会计的深入研究，也在与时俱进；随着时代步伐向前、学科相互渗透、科技的进步和环境的变化，余老师对管理会计的认识一步步进化、升华。1980 年把会计看作一个信息系统；1990 年把会计人员看作决策支持系统的参谋人员，开始从账房先生走出来；1997 年转变为跨专业的、具有广博知识和深入洞察力的管理顾问，为企业制订时空上视野宽广的战略管理规划，及其贯彻执行服务。进入 21 世纪，认识到管理会计必须加入社会文化观，同行为科学相结合，以“系统观”代替“机械观”，由“物本管理”转向体现“人文观”的智本管理，由此，余老师的管理会计“由技入道”。

不随波逐流，不趋炎附势，不曲学阿世。

余老师是中国民主同盟中央委员、厦门市政协副主席，一生为人刚正不阿。1995 年，朱镕基总理布置整顿会计工作秩序，打击做假账，余老师口诛笔伐，对官员腐败现象极端愤慨。在《会计失真》一文中，深刻剖析作假源头，直指祸首是素质差、有权力、谋求权、财的腐败官僚，在利益的驱动下，达到“以权扰数”“以数谋位”“以数谋私”的目的，从而导致国有资产的大量流失。

余老师最恨学术腐败。他说，假作真时真亦假，当学术作弊以假为真时，真的东西也不再被人信任了；如同劣币驱逐良币，结果是劣胜优汰！他曾以公开信“一个老厦大人的肺腑之言”，给院、校领导写信，揭露校内存在的学术腐败现象。它就是“余氏风骨”“读书育人，育人为大”！

厦大人这样说：

投师应是葛家澍，学问须从余绪缨。

好友、弟子们这样说：

业传淬砺躬修外，情在冰心霁丹中；
经霜傲雪情无限，长留风骨在人间。

我喜欢，“心游天宇却从容”、侠骨柔情的余老师这样说：

生花妙笔世所希，诗“会”交融是新碑，
博学精思意高远，春风化雨润心扉。

怀念余老师

1992 级硕士生　陈　丰

我们敬爱的余老师至今已经离开我们十几年了，但每当弟子们聊起余老师，他的音容笑貌立即就会浮现在我的脑海中，他那满头银发的身影仿佛就在眼前，他那爽朗的笑声仿佛就在耳边。

我是 1992 年考上厦门大学会计学系硕士研究生的，当时我本科学的是数学专业，考研究生时，几经考虑，最后选择报考厦门大学会计学系，一方面是当年数学专业的毕业生不大好找工作，另一方面也是自己对财务感兴趣，在本科期间也自修了一些相关方面的课程。当时厦门大学会计学系已是声名远扬，作为中国最好的会计学系之一，师资力量和教学质量为大家所推崇，余老师作为全国会计学界泰斗级大师的大名更是为厦大学子所熟知，但当时自己是怎么也没想到，有一天还能成为余老师的弟子。我们那一届会计学系的考研非常热门，招 12 名学生，实际报考的多达 160 多人，当时我可是尽了全力，结果命运之神还比较眷顾我，最终被录取了。考上之后，系里第一次召集同学开会就给大家安排导师，当听说余老师成为我导师之后，我简直不大敢相信自己的耳朵，没想到自己会这么幸运。但兴奋之余，又感到些许的不安，虽然我当时考分排名靠前才有这样的机会，但我很清楚自己的财务会计功底并不扎实，那一届我和郭晓梅是余老师仅招的两名硕士生，而郭晓梅是会计学系保送，学习成绩和专业素质都非常优秀，我一个外系考过来的，基础不扎实，可千万不能给余老师丢脸啊，越想越觉得心中没底。过了几天，系里安排我们几个同学去和余老师见面，记得当时是去余老师敬贤楼的家里，去之前我心里还是有些打鼓，照了好几遍镜子，想着怎么能给余老师留下一个好的印象。到了余老师家里之后，终于见到心目中一直景仰的余老师，有些兴奋，但还是有些紧张，我坐在余老师旁边，不知该说些什么。但余老师和同学们聊起来后，很快就注意到我这个来自外系的小弟子，亲切地称呼我小陈，和我拉家常，询问我的学习生活情况，嘱咐我要好好学习，很快我就放松下来了，没想到照片上看到的特别严肃认真的余老师在日常中是这样一副和蔼可亲的模样。记得从余老师家里出来后，我的脚步都轻快了许多，心中也充满了幸福，终于有幸可以跟随余老师了，这对我而言是一个人生的新起点，我也暗暗下定决心，要好好学习，不辜负余老师的期盼。

研究生学习开始之后，和余老师的接触就多起来了，当时余老师还给硕士生上课，给我们上的是《高级管理会计》课程，分了上下两学期。记得当时没有现成的教材，讲义都是余老师自己亲自挑选的课题，然后自己编写大纲和内容，包括具体的习题和各种图表，都是余老师一笔一划写出来的，然后复印成讲义给同学们使用。这些讲义至今我都还保存着，每次翻看这些有些泛黄的资料，看到熟悉的余老师笔迹，都可以感受到余老师当年倾注的心血，感受到余老师对学生们殷切的教诲之情。可以说，这两门课是我研究生学习阶段印象最深的课程，回想当时学习的情形，我可是下了苦功夫，因为管理会计中涉及到不少数学知识，这点我这个学数学的占了一些优势，但课程中有不少经济学方面的知识，我感觉还是有许多理解不深的地方，每当我遇到问题向余老师请教，余老师也总是不厌其烦给我解释，后来我都有些不好意思，怕耽误余老师宝贵的时间。最后期末考试，我两门课成绩都还不错，上了九十分，在同学中应该是比较靠前的。记得我当时特别高兴，作为余老师的弟子，没给余老师丢脸。现在回想起来，那个时候学习很多还是为考试成绩而学习，实际上这些课程对我后来的实际工作帮助良多。毕业后我大部分时间都是从事财务分析和预算管理等方面的工作，而这些知识点都在余老师教授的管理会计课程中有所涉及，而且更重要的是课程中蕴含的分析逻辑，更是对我的工作思路和工作方法有许多潜移默化的作用，让我终身受益。

进入研究生三年级后，我开始准备我的硕士论文，在选择我的论文题目时，我和余老师谈起我的想法，想做企业市场定价相关的课题，但也说了我的担心，因为这个题目不仅需要会计学的知识，而且涉及经济、市场营销、价格学等领域，我担心写不好。余老师就鼓励我，认为这是一个非常值得研究的课题，鼓励我大胆地研究和思考，大大提升了我选择课题的信心。在写作过程中，从最初的提纲安排和参考书籍，余老师都给了我悉心指导。成文之后，我拿去给余老师审阅，心里打着小鼓，不知道余老师评价怎样。结果没几天余老师就给我反馈，余老师看得很仔细很认真，给我提了好几个修改意见，还给我的论文写了评语，评语中可以看出对我的肯定和鼓励。余老师写的评语至今我还保存着，每次我拿出看的时候，心中总是涌上感动和温暖。论文完成后，我开始找工作，当时由于自身的考虑，我没有进一步深造再念博士，余老师关心我找工作的情况，亲自向我的师兄师姐们作了举荐，让我有了更好的选择机会。当得知我最后找到心仪的工作，决定北上之后，又高兴地祝福我，嘱咐我远在北方一定要照顾好自己，一定要好好工作，一定要做对社会有贡献的人。这些话我都一直记在心中。

1995 年毕业离开厦门后，我就一直在北京工作生活。记得 1996 年余老师有一次来北京出差，几个师兄和余老师聚会，余老师还特别嘱咐要把我这个小师弟也叫上。聚会上，余老师嘘寒问暖，关切地问我工作生活情况，让我感到特别温暖。后来 2005 年我要小孩，小孩还没出生，我就想着给小孩取啥名字，正好有一次和小师妹刘俊茹聊起时，她提到余老师为几个师兄弟小孩取名的事，我就托刘俊茹回厦门时和余老师提提。结果，余老师欣然答应，很快给我回话，给小孩取名叫明德。余老师知道我和爱人都是福建人，福建简称闽，“闽”与“明”谐音，而且，厦门大学的校训是“自强不息，止于至善”，这是语出《礼记·大学》：“大学之道，在明明德，在亲民，在止于至善”。明德两字既和厦门大学校训相关，又是对小孩的鼓励和期望。我很感谢余老师给我小孩取了一个这么有寓意的名字。师生之情在小孩身上又得到了传承。

最后一次见到余老师是在 2006 年 4 月，当时我去厦门出差，给他打电话说要去看他，他很高兴，好多年没见面了。记得当时余老师已搬家，不住在厦门大学。我到了他家之后，感觉余老师身体已大不如从前，看着身体清瘦的余老师，我心中有些伤感。而余老师交谈时，虽身体疲倦，但仍关心我的工作生活情况，嘱咐我照顾好自己，好好工作，同时也一直询问北京师兄弟们的情况，托我问好。这是和余老师见的最后一面，1 年多之后余老师就离开了我们，2007 年 9 月，师兄弟们赶回厦门，参加余老师的追悼会，但当时已是天人永隔，心中感伤不已，再也见不到敬爱的余老师了。

在大家心目中，余老师是一代管理会计大师，他的学识，他的人品为大家所敬仰。但我感受最深的，是余老师对学生弟子的关爱之情，虽然我只是余老师众多学生中普通的一员，跟随余老师的时间也只有短短的 3 年，但我深深地感受到余老师对弟子学生的关心和爱护，每当我想起这些，心中总是充满了对余老师的感激。永远怀念余老师！

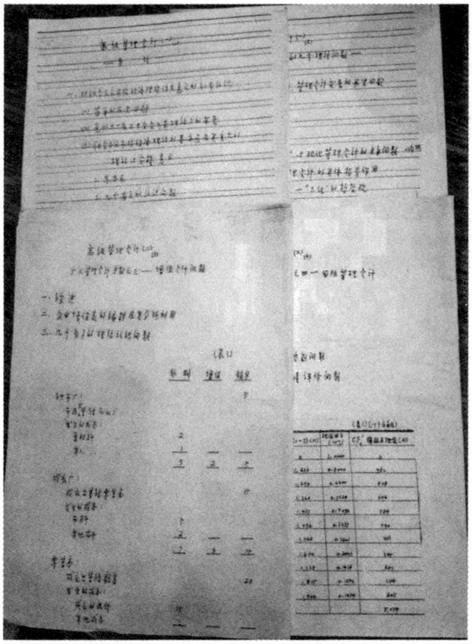

图 1　余老师给硕士生上课的讲义

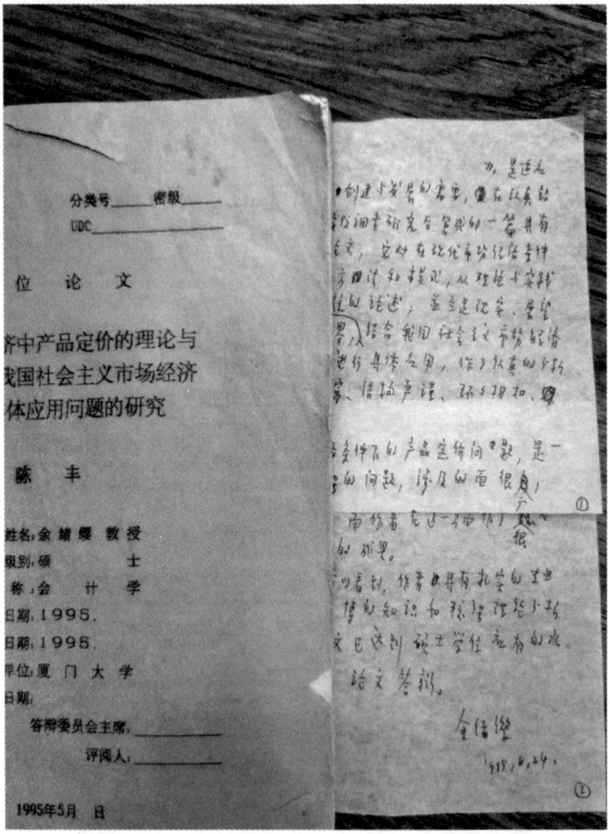

图 2　余老师给我硕士论文的评语

人生的导师　学术的楷模

1999级硕士生　陈亚盛

因为我父亲也是厦门大学会计学系教师的缘故，大约从我记事时开始，我就认识余绪缨老师，一位十分有爱心，性格开朗，富有诗书气质的长者。小时候印象最深的就是春节和父亲去余绪缨老师家拜年时都会收到些小礼物，师母工作的单位有生产一种非常好看的丝巾，在那物资紧缺的年代，那可是孩子们眼中的奢侈品。记得有一年，余绪缨老师不仅送我一条蓝色的，还不忘让我给两个姐姐带了红色镶金边的款式。那几条丝巾伴随了我们姐弟三个好几年快乐的时光。一个做大学问的大学教授如此温暖有爱，百忙之中还不会忘记年轻同事家小孩子的礼物，这给我留下了深刻的印象。后来我才体会到这是一种善意，一种不计较回报，发自内心地对别人关心和对世事的关切，当这种善举和对社会的终极关切成为习惯，一个人的行为就顺应了时代的要求，他的善也会吸引到更多愿意追随和辅助他的人。这种善的习惯就是一个大师的修养。

我在硕士研究生二年级时开始师从余绪缨老师研究管理会计。余绪缨老师在硕士阶段对我的指导给我往后的学术生涯形成了几个深远的影响。首先，余绪缨老师做学问最大的特点是中西融合，既注重中国实践又时刻关注世界最新的趋势。在那个相对封闭的年代，很少中国大学的教授能讲流利英语和参加国际会议，余绪缨老师是难得能在国际学术舞台上代表中国发声的学者。我在老师身上看到了中国的管理会计研究不仅是要学习西方先进的实践和理论，也要把中国的理论和实践做成世界一流的学术成果拿出去和全世界交流。我记得有一次我到余绪缨老师家中讨教论文的选题，余绪缨老师刚从国外开会回来，跟我谈到他在国际会议上宣讲孙子兵法与管理会计的关系，其间提到将“知彼知己，百战不殆”的兵法原则用于解析战略管理会计中收集和分析竞争对手的产品定价与市场营销手段的必要性。我为余绪缨老师这种融汇中西，贯穿古今的创意所折服，深感震撼，从没想到学问还可以这样做！在余绪缨老师的指导下我做了题为《战略管理会计》的硕士论文，我从企业的战略执行流程来讨论管理会计如何为战略提供支持，余绪缨老师非常赞赏我使用与他不同的视角来诠释管理会计在企业战略管理中的作用。我当时写论文的主要参考资料是余绪缨老师利用去国外开会的机会，从国外带回来几本经典战略管理会计著作，送给了厦门大学图书馆作为馆藏图书供学生和老师借阅。我硕士毕业后到加拿大西安大略大学毅伟商学院攻读博士时，才发现余绪缨老师当年带回厦门大学图书馆的书就是毅伟商学院这个当时加拿大排名第一的商学院图书馆里收藏的书。在20世纪90年代，余绪缨老师就凭一己之力，让厦门大学的学子有机会和国际顶级商学院的学生一样接触到最前沿的管理会计理论，这真是太有远见、太无私了！

余绪缨老师对我影响最大的还有他做学问的执着和认真。余绪缨老师是中国管理会计学科的奠基人，他一生致力于将西方先进的管理会计方法引入中国，并将这些技术和中国企业现代化改革的实践需求相结合，发展出了适应中国企业技术基础和人文特色的中国管理会计理论。时至今日，他最初撰写的《管理会计》教材，仍然是现今同类教科书的模板。这也是他践行“板凳甘坐十年冷，文章不写一句空”的执着最好的体现。做研究不为帽子，不求职权，只求所作必为精品。经过精心提炼，不断推敲的好文章经得起时间的考验，这是为什么即使是现在回去读20世纪八九十年代余绪缨老师的著作和文章，还是会为他缜密的逻辑，超前的视野所触动。

余绪缨老师给我留下深刻印象还有他对新兴科学技术的兴趣和学习欲望。我记得当时他已经将近70岁了，还在阅读和学习像互联网、数据库这样的新技术，并把这些技术融合到他对管理会计的研究中。我记得他告诉我管理会计的实践方法是很受信息技术影响的，信息技术的变革会推动管理会计方法和理论的演化，管理会计学者要时刻关注信息技术的新动向。我后来在研究方法中引入眼动跟踪、核磁共振脑扫描、机器学习和大语言模型等交叉学科的研究方法想来也是受到余老师对新兴科学技术关注的潜移默化的影响。

我在2014年底回到厦门大学任教后，教授本科生课程《高级管理会计》和研究生课程《管理会计理论与方法》，在上这两门课时，常常想这门课以前应该是余绪缨老师上的，一定要保证教给学生的内容是最前沿的、教学要高质量完成才能不辜负余绪缨老师的教导。余绪缨老师既是我们人生的导师，也是我们学术的楷模。

桃李满天下　堂前更种花

1993 级本科生　麦震海

倾心厦大

1992 年 7 月的一个中午，万里无云、骄阳似火。满头大汗的我正骑着自行车，匆匆忙忙却又小心翼翼地从刚刚结束高考的师兄宿舍往家里赶。

一进门，我就迫不及待地放下书包，从里面捧出刚刚从师兄那拿回来的、隐约还散发着些许油墨香的《高校招生简章》。虽然这只是他当天所抛弃的成堆书籍和资料中不起眼的一本，而且在十个月之后，我也能拿到更新的一本《高校招生简章》。但早点物色到心仪的大学，对于即将迈入高三的我，不就是未来一年准备高考的导航灯吗？

我一页一页地翻着简章，眼睛在每个学校上反复扫描，忽然目光锁定在“厦门大学”四个字之上。虽然未曾去过厦门、更未到过厦门大学，耳边却飘来了《鼓浪屿之波》悠扬的旋律，眼前闪现出阳光海滩、椰林树影的校园。这样的学校谁不喜欢？就是她了！

踏入南强

1993 年 8 月底，伴随着长长的汽笛声，“海樱”号客轮缓缓地停靠在厦门码头。怀揣着厦门大学录取通知书的我随着潮水般的人流下了船，不知道坐上了哪位师兄的自行车，沿着演武路、思明南路一路穿行来到西校门。坐在自行车的后座上，聆听着厦大的奇闻轶事及生活“秘笈”。“那边是南普陀寺，他后面那五个山头是五老峰，从厦大凌云爬过去不用买门票”“这家工商银行是学校里唯一的银行，安顿好第一件事就是过来开个存折，那是你未来四年的粮本”“看见那个白城沙滩了吗，下课可以到那游泳”“什么，在哪儿换泳裤？当然是在宿舍里先换好，记得是泳裤、毛巾、人字拖三件套，然后就大大方方走过去呗。别不好意思，出来走两回你就啥都习惯了”……一个全新的大学生活即将开始了，一个具有厦大特色的大学生活即将开始了！

葛余题词

随着 1994 年新学期的序幕徐徐拉开，会计学系也迎来了一件大喜事——全体学生搬进新建的芙蓉十一宿舍楼。之前全系学生散居在芙蓉系列、石井系列的各座楼，房间里没有行李架，行李只能放床底下，更没有独立卫生间。每层楼的尽头有一个厕所、淋浴间、洗衣间、KTV“四合一”的综合体，统称“水房”。无论寒冬还是酷暑，里面每每传出声嘶力竭而又苦中作乐的嘹亮歌声。

正是在会计学系领导和老师们的关心主导下，全系学生整体住进了全新的宿舍楼，这可是全校头一回。整齐的床铺座椅，每个人都有自己的壁柜，每个房间都带有独立的卫生间，从此水房歌会也进入了小包间时代。

当然，如果不是两件点睛之作的存在，条件再好的宿舍楼也只是一座没有灵魂的钢筋水泥建筑。而两面大镜子的出现，为会计系宿舍楼注入了文化、锻造了灵魂。这两面镜子各自挂在东西两端的楼梯口，上面分别是我们最尊敬的两位教授、厦大会计学系的泰斗——葛家澍老师与余绪缨老师的题词。东楼梯口镜子是葛老师的题词——“以铜为镜，以整衣冠”；西楼梯口镜子是余老师的题词——“桃李芬芳，社会栋梁”。短短数语饱含着两位先生对同学们的谆谆教诲——既要抬头望天，胸怀家国，又要脚踏实地，从细微处出发。也代表着会计学系所有老师们对我们莘莘学子的殷切期待!

风骨永存

转眼来到2024年，即将迎来厦门大学会计学系的百年华诞。拳拳学子心，殷殷师者情。当年的传道授业解惑的恩师们有的已经故去，有的已经鬓发染霜。但耳边仍然响起老师们在课堂上挥洒自如、妙语连珠，课后交流时头脑风暴、挥斥方遒。

“前沿求索几度秋，由技入道勇探求”。先生们的风骨，永记于心，也将鞭策着一代又一代的会计人“会于厦大，计在天下”。

常伴人间烟火情

1988 级本科生　康淑敏

每每和厦门大学的师兄弟们聚会都会不由自主地忆起在学校读书时的欢乐趣事，一直也想把在厦门大学和会计学系博士生们的温暖画面记录下来，借助师兄弟们一起怀念余老师的机会，不如把那些温馨质朴而又意气风发的青葱岁月诉诸笔端定格在岁月静好的丰庭筒子楼中，还有那有小别墅之称的国光小院里。

我和我的夫君胡玉明从结婚算起在厦门大学住了近 8 年。刚开始住在南光单身宿舍楼，后来就住进了分配给年轻教师的丰庭楼。从此开启了我们人间烟火的筒子楼生活。丰庭楼地理位置超好，从西门进来 200 米左转向前走大约 30 米就是绿树掩映下的丰庭二。我们住在二楼，楼前种着一排树，应该都是龙眼树，风吹过的时候绿影婆娑，夏天的时候龙眼树枝繁叶茂，一颗颗圆润的龙眼挂在枝丫上，站在二楼的走廊上伸手就可以摘个果子尝尝鲜。隔壁邻居画家一岁多的娃娃伸出小手采摘龙眼是最能治愈他的游戏。楼后有几棵凤凰木。凤凰花开的时候花朵像赶趟儿似的争前恐后地鲜艳夺目，红得像霞，透过后窗白色窗纱总像是窗边挂着一道霞光似的。伸手出去也能摘下几朵插在茶几上。我们住在 208 房，隔壁邻居都是刚结婚不久的年轻老师们，二楼的走廊很是宽敞，各家各户的厨房都设在筒子楼的走廊上，走廊尽头是可以翻牌子（男女共用）的厕所，按牌指示进去如厕。傍晚时分，走廊上飘散着菜香：香煎巴浪鱼、黄瓜炒鱿鱼、炒海瓜子。我们住的单间虽然不足 20 平米，可五脏俱全，屋内的娱乐设施齐全，电视、音响、折叠的小方桌、高凳、矮凳、折叠椅、茶几一应俱全，会计学系的各位师兄弟们常常在这里聚会交流，日常八卦，打牌钻桌子都是会计学系博士生聚会的常设活动，这张小方桌就是风评不太好，划破了无数师兄弟们的衣服。原因还是输牌后要钻桌子。王华直到二十多年后的现在还在差评我家折叠方桌上的钉子划破了他新买的夹克衫，不怪自己手艺潮，硬要赖我家的小桌也没办法。就算是牌神也有失手的时候，那么方桌上的钉子自然要留念一下。一般门口有多少双鞋就可以知道聚会的规模。

师兄弟日常的交流自然离不开他们敬爱的余老师，在学生们的眼中余老师是高山仰止的一位大学者，严谨、严格、严肃的大学问家，提起来目光里多是敬畏之情，那时候我还没见过余老师本尊，只觉得余老师应该是一位高大上且不食人间烟火的博士生导师。我的夫君本来就是一位超级严谨的学人，提起余老师更是毕恭毕敬。偶然有一次，我站在二楼走廊上看见余老师的弟子孙航等陪着余老师从不远处敬贤楼的坡上往这边走下来，透过龙眼树密密匝匝的枝叶望下去余老师上身穿着浅灰色的短袖衬衫，深灰色的裤子，一头银发熠熠闪光，面庞红润有光，步伐矫健而儒雅，边走边和身边的弟子亲切地说笑着，看上去就是一位和蔼可亲的大家长，并非夫君眼中那种高不可攀的高冷导师。

没过多久，我家就从丰庭二乔迁至相隔两百米左右的国光二20 号。国光楼是陈嘉庚的祖产，是典型的闽南红砖拱形设计。沿着青石板进门是个小院子，一楼住着两户人家，院子里住四户人，楼梯隐藏在一楼的廊柱之后，我家是二楼右手边的房子。经过我的改装设计，闽南式的老房子焕然一新，华丽的白色地砖铺地，客厅也升级添置了沙发和电视柜，客厅一角摆放了一株摇曳生姿的凤尾竹，客厅左手延伸出去是个小餐厅，会计学系的各路牌神都在这里显过身手，再进深过去就是能够提供多人聚餐的厨房，著名的蒜干饭就在这里研发成功上了五星好评榜单。即使是这里出品的黑色料理在世界杯的时候也会被师兄弟们风卷残云一样的暴殄而空，再延伸进去就是卫生间，新装上的马桶终于消除了翻牌厕所的焦虑。客厅屋顶的土豪金吊灯把老房子秒变华堂，会计学系各位博士在家朴素地聚餐（记得当时的菜有榨菜肉丝汤、爆炒猪肝、海蛎煎、炒海瓜子、黄瓜炒鱿鱼和猪脚米粉）在灯光效果下也都闪着奢靡的米其林光晕。

新房落成后不知是各种规模的聚会惊动了余老师，还是余老师自己动了凡心想要感受一下弟子们的人间欢乐。总之，我忽然接到通知说余老师要大驾光临寒舍来蓬荜生辉。我因为不是余老师的亲弟子，所以也就本色出演不卑不亢地等待余老师的巡视验收。记得余老师从陡而狭长的楼梯走上二楼，进门后气还没喘匀就开始毫不吝啬地各种夸：小康，你家这是华堂啊，装修得这么现代化，你家提前步入小康了。我还来不及谦虚一下，余老师一眼就看到了客厅土豪金的吊灯，我赶紧拿过遥控器，给余老师演示了一下不同档位灯光的变化情况，估计这一演示一下就把余老师深藏不露的聊天文采激活了：小康，你这设计也太现代了，你是真正的总设计师（现在回想起这话夸都觉得有点过了，还是博导厉害，真的可以下狠嘴把人往死里夸）。

眼前的余老师于是秒变成知我懂我的亲人，我打开新购置的音响，为余老师连续献上了我出道的成名曲邓丽君的《海韵》和

《云河》，余老师边听边打着拍子，客观地评价说："小康的声音很不错，歌声很有韵味。"要是当时有手牌和荧光棒，估计余老师也会举起成为我山顶上的朋友。在大家的掌声和鞭策下，我又演唱了《小村之恋》和《难忘初恋情人》把客厅推向了演唱会直播现场。在装腔作势地谢谢大家其实是要掌声的时候，余老师再次总结性发声："唱得很好，可以说是余音袅袅，绕梁三日而不绝。"（哈哈哈，听出了答辩通过的节奏）

图 1 是 2002 年 10 月 2 日我和夫君在余老师造访过的国光二 20 号楼下的留影。

图 1　我和夫君在余老师造访过的国光二 20 号楼下留影

自此之后，余老师每次邀请弟子们聚会吃饭都会叫上我一起参加，我因此也成为余门弟子的周边。记得有一次余老师和我们在招待所吃饭，有一道香酥芋泥鸭是招待所的招牌菜，当时在座的弟子们因为有余老师在场不好意思甩开吃，而我边听着余老师告诫弟子们，边大快朵颐，余老师看我爱吃，就让我打包回家。我也因此记住了招待所的这道菜。

还有一次在逸夫楼吃饭，余老师好像是喝了一点小酒，心情甚好，临走的时候，余老师拉着我和阿明的手，满心诚恳地说：祝你俩相亲相爱，举案齐眉，百年好合（现在想起来一直纳闷余老师怎么喝了点酒迅速切换为证婚人了，当时我们的婚龄应该也有五六年了吧）。当时，看余老师高兴，我随机应和余老师："您是不是还少说一句早生贵子呀?"余老师立马神回复："已经不早啦!!!"在场的人都哈哈哈大笑起来。余老师也因为自己成功转型为气氛组而得意又开心地呵呵大笑起来。

温暖欢乐的画面像一帧帧光影片段回放出来让我时隔26年仍感觉往事如昨。背景音乐也似曾相识：

弯弯的小河
青青的山冈
依偎着小村庄
蓝蓝的天空
阵阵的花香
怎不叫人为你向往
啊 问故乡
问故乡别来是否无恙

我时常时常地想念你
我愿意
我愿意回到你身旁
回到你身旁……

这首《小村之恋》似乎依然回荡在二楼客厅里，歌声随着微风袅袅飘出了国光二的小院儿，飘向了丰庭二前面的那条坡路上，龙眼树和凤凰木的枝叶仍然掩映着余老师亲和儒雅的身影……

余老师，我想您了！